9 Histoires extraordinaires

ÉTONNANTS • CLASSIQUES

9 Histoires extraordinaires

*Textes réunis et présentés
par* Élise CHEDEVILLE,
*agrégée de lettres modernes
et professeur de « culture générale et expression » en* BTS

Flammarion

Dans la même collection

1re année – Le manuel
Culture générale et expression

2e année – Les anthologies sur les thèmes au programme
Ces objets qui nous envahissent : objets cultes, culte des objets
Cette part de rêve que chacun porte en soi
Le Détour
L'Extraordinaire
Faire voir : quoi, comment, pour quoi ?
La Fête
Génération(s)
Je me souviens
Paroles, échanges, conversations et révolution numérique
Rire : pour quoi faire ?
Le Sport, miroir de notre société ?

Les nouvelles intégrales pour enrichir ses références culturelles sur les thèmes au programme
Histoires de ceux qui oublient... ou pas (en lien avec *Je me souviens*)

N° d'édition : L.01EHRN000489.N001
Dépôt légal : août 2016
© Éditions Flammarion, 2016, pour l'appareil critique.
ISBN : 978-2-0813-7549-9
ISSN : 1269-8822
Imprimé en Espagne par Novoprint (Barcelone)

SOMMAIRE

■ Présentation 7

9 Histoires extraordinaires

Didier DAENINCKX, *Toute une année au soleil*	15
Italo CALVINO, *La Ville sous la neige*	19
Sylvain TESSON, *La Fille*	27
Jean-Marie Gustave LE CLÉZIO, *La Ronde*	33
Didier DAENINCKX, *Le Salaire du sniper*	45
Richard MATHESON, *L'habit fait l'homme*	57
Dino BUZZATI, *Le Veston ensorcelé*	65
Vincent DELECROIX, *La vérité sort-elle de la bouche des enfants?*	75
Philippe Delerm, *Le Croissant du trottoir*	83

■ Les auteurs des nouvelles 85

PRÉSENTATION

Qu'est-ce précisément que l'extraordinaire ? À cette question, on répondra qu'il s'agit d'une manifestation susceptible de prendre différents visages mais qui, quelle que soit la forme qu'elle revêt, se caractérise par la vive émotion qu'elle procure et l'intensité du moment qu'elle fait vivre, interrompant le fil continu du temps et sa relative monotonie. L'extraordinaire, conformément à l'étymologie du mot (formé sur *extra* et *ordinaire*), se situe hors de l'ordinaire, désigne l'événement qui nous en extrait.

Dès lors, on peut être tenté de le produire nous-mêmes ou tout du moins de le susciter. Mais, à trop le rechercher, ne risque-t-on pas de le banaliser ? Pis, ne peut-il devenir aliénant ? Ne faut-il pas lui préférer une vie faite d'habitudes rassurantes, et tenter de trouver dans la prétendue uniformité de notre quotidien une façon de vivre l'exceptionnel ? Dans une société qui valorise l'inédit et l'insolite, et pratique en permanence la surenchère événementielle, ce sont autant de questions que nous sommes amenés à nous poser pour développer un rapport harmonieux au monde. Signées par des grands noms des XXe et XXIe siècles, les neuf nouvelles de ce recueil sont autant de réponses que nous fournit la littérature.

Dans son court récit «Toute une année au soleil», **Didier Daeninckx** éclaire les rapports ambivalents que nous nourrissons à l'égard de l'ordinaire, perçu comme salutaire par les uns (Pierre aime bricoler «du matin au soir dans la maison et dans le potager » et, la journée terminée, « se bloqu[er] [...] devant la télé, un verre de saint-joseph à la main ») et étouffant par les autres (Josette rejette cette existence morne dans laquelle l'habitude a émoussé jusqu'aux sentiments — les époux n'échangent plus et font chambre séparée). L'extraordinaire — qui coïncide sur le plan narratif avec la « chute » de la nouvelle, c'est-à-dire l'effet de surprise ménagé par la fin du texte — s'immisce avec brutalité dans la vie bien réglée des retraités et prend le visage d'un fait divers tragique, violent, qui change à jamais la destinée des personnages.

Sous le regard de Marcovaldo, le héros d'**Italo Calvino** dans « La Ville sous la neige », surgit un tout autre extraordinaire : enchanteur, inespéré, donnant à voir une réalité différente, digne des contes de fées. La venue de la neige métamorphose la ville, transformant son aspect et modifiant jusqu'à sa « lumière », ses « bruits » et sa fréquentation. Bien plus, elle fait naître joie, émerveillement (pour Marcovaldo, la neige est « une amie [...] qui annul[e] les murs qui emprisonn[ent] sa vie ») et espoir (pour le chômeur Sigismondo, elle procure du travail). Sous son effet, Marcovaldo se laisse aller, tel un enfant jouant avec des briques en plastique, à des rêves de bâtisseur. Donnant à voir les sentiments de son personnage au contact de la neige — par le biais d'une narration en focalisation interne —, le récit nous conduit à nous interroger sur ce qu'est l'extraordinaire : autant que dans l'événement climatique soudain ne réside-t-il pas dans le regard qu'on porte sur lui ? Par ailleurs, étant par nature inhabituel, l'extraordinaire n'est-il pas voué à être incompris (l'analyse échappant à des esprits dont les repères sont mis à mal, comme ceux des protagonistes du texte) ? Et, étant par définition éphémère, ne risque-t-il pas, une fois accompli, de nous laisser, tel Marcovaldo, inconsolés, face aux « choses de tous les jours, anguleuses et hostiles » ?

Les pouvoirs de l'extraordinaire : c'est aussi ce que met au jour **Sylvain Tesson** dans sa nouvelle « La Fille ». Égérie de la marque Gucci, Jenny tombe à l'eau. Belle, riche et célèbre, elle se distingue du commun des mortels (au point d'être comparée à une « déesse ») et incarne celle que toute femme rêverait d'*être* et que tout homme désirerait *avoir*. Son aventure en mer s'inscrit dans la droite ligne de cette destinée exceptionnelle : tombée d'un voilier, la « miraculée de l'Égée » est récupérée par un pêcheur. Dédoublé, l'extraordinaire est ici capable de tout : il est ce qui change le cours des vies, des célébrités comme des anonymes (le capitaine qui repêche Jenny fait fortune avec le cliché qu'il prend d'elle), et le cours du temps — du moins, le croit-on ! Sur le plan narratif, il est même le moteur de l'histoire. Mais que faut-il réellement attendre de lui — tellement prometteur et finalement vain ?

N'est-ce pas le même doute que soulève la nouvelle de **Jean-Marie Gustave Le Clézio** intitulée « La Ronde » ? Que veulent ses deux héroïnes, si ce n'est briser la monotonie de leur vie et avoir le sentiment d'exister, « sentir [leur] cœur battre très fort dans [leurs] cage[s] thoraciques[s] » ? Incarné par des adultes barricadés dans leurs immeubles comme dans leurs habitudes, le quotidien, trop « calme », presque léthargique (« au bord du sommeil »), est pesant, terne et sans espoir de changement. Par contraste, les jeunes filles veulent vibrer, éprouver, vivre différemment et intensément. Faut-il y voir l'expression d'un désir propre à l'adolescence ou celle d'une quête propre à l'humain ? Titi et Martine commencent leur ronde, symboliquement « rue de la Liberté », là même où elle s'achève, dans un coup du sort scellant irrémédiablement et tragiquement leur destinée. Ironiquement, c'est un « camion de déménagement » qui met un terme à leur espoir de nouveauté. Par sa circularité, la course des vélomoteurs rappelle la répétition du même dont les jeunes femmes tentent de s'extirper. Conduite à un rythme effréné, elle doit mener vers l'événement qu'elles entendent créer. Sous la plume de Le Clézio, l'extraordinaire prend alors deux visages : suscité (il s'apparente à une bouffée d'air), il est aussi subi (sous la forme d'un fait divers, lequel, paradoxalement, est toujours unique pour ceux qui le vivent).

Quel prix sommes-nous prêts à payer pour toucher du doigt l'extraordinaire ? C'est aussi la question que soulève **Didier Daeninckx** dans « Le Salaire du sniper » en représentant la surenchère médiatique qui caractérise notre société assoiffée de scoop. Les deux personnages principaux sont un reporter et un cameraman travaillant pour le journal d'une grande chaîne de télévision. Leur métier ? Non pas rendre compte d'un conflit, mais créer de l'audimat ; non pas informer sur les enjeux géopolitiques de la guerre, mais faire le buzz, quitte à truquer la réalité (« penser à un scénario et [...] dégoter les gugusses qui veulent bien interpréter des rôles »). Confrontés à l'extraordinaire, nous dit Didier Daeninckx, nous nous y habituons au point de ne plus voir comme tel ce qui l'est vraiment (à l'image de Delorce et de son collègue, pourtant sur le terrain, les téléspectateurs sont « blasés » et gagnés par l'ennui) et, conséquence de cet état, nous nous jetons dans une quête éperdue d'extraordinaire toujours plus grand, aux dépens de tout sens moral.

C'est bien aussi notre sens moral que l'extraordinaire permet d'interroger dans les nouvelles de **Richard Matheson** et de **Dino Buzzati**. Dans chacune, l'extraordinaire surgit par le biais de vêtements qui sont doués de pouvoirs magiques et, dans chacune, l'extraordinaire est un révélateur de notre moralité. Matheson, en proposant une illustration de l'expression « L'habit fait l'homme », prise au pied de la lettre et servant de titre à son texte, bascule dans la science-fiction. À la manière de Gogol utilisant le surnaturel pour pointer les travers de ses concitoyens enclins aux commérages dans « Le Nez », Matheson se sert de l'extraordinaire pour critiquer une société dans laquelle l'apparence prime sur la nature profonde des hommes. Dans son récit « Le Veston ensorcelé », Buzzati, lui, recourt au fantastique pour dire la tentation que représente l'extraordinaire (il est figuré comme ce qui permet d'accumuler tous les biens matériels dont on a toujours rêvé) et, parallèlement, mettre en lumière la peur qui l'accompagne inéluctablement : celle qu'il disparaisse soudainement (entraînant le retour à une réalité banale après une aventure exceptionnelle – le narrateur va jusqu'à dormir avec son costume pour qu'on ne le lui dérobe pas), et celle qui s'empare de l'homme devant ce qui est incontrôlable. Ainsi averti, c'est au personnage, et avec lui au lecteur, d'adopter une position morale face à l'extraordinaire.

La nécessité de penser l'extraordinaire mais aussi notre façon de l'appréhender semblent bien être les enjeux du récit « La vérité sort-elle de la bouche des enfants ? » de **Vincent Delecroix**, qui s'attache à rendre compte de la présence incongrue d'une chaussure sur un toit. Cet événement singulier et insolite trouve dans la bouche d'une petite fille une explication extraordinaire (il s'agit de la chaussure d'un ange triste que l'enfant a croisé pendant la nuit) proprement irrecevable pour son père, individu doué de raison et de principes, dont les certitudes sont pourtant mises à mal par la chute du récit. Là encore ancré dans notre ordinaire – les nuits difficiles des parents réveillés par leurs enfants, mais aussi les histoires à dormir debout de ces derniers (mises en scène ici au sens propre : elles sont ce qui tiennent éveillés parents et enfants) –, l'extraordinaire nous pousse dans nos retranchements : quelle place lui accorder ? Comment le considérer en gardant raison et sans tomber dans le détachement ou l'insensibilité ? Finalement, cette chaussure extraordinaire semble contenir tous les possibles, tous les récits imaginables, et proposer au lecteur un divertissement qui lui permette non pas d'oublier mais plutôt d'appréhender autrement l'ordinaire.

Avec **Philippe Delerm**, c'est ce même regard neuf qu'il nous est donné de porter sur notre quotidien. La nouvelle nous y invite dès son titre, « Le Croissant du trottoir » – rencontre fortuite (« mariage ») de la « gourmandise » et de l'asphalte. Réinvestissant l'ordinaire (celui du croissant – n'est-ce pas ainsi qu'on le nomme quand il n'est pas « au beurre » ? –, de la baguette qu'on va chercher aux aurores), l'auteur lui rend hommage, célébrant la saveur de ces petits riens qui font notre quotidien et que l'habitude ne permet plus d'apprécier à leur juste valeur. À nous de savoir retrouver à leur contact joie, bonheur et émerveillement. Ce croissant qui, englouti avec délectation, disparaît dans le jour qui se lève, signale le commencement d'une journée ordinaire dont il nous revient de redécouvrir les mille et un plaisirs.

Proposés en prolongement de l'anthologie *L'Extraordinaire* (Flammarion, coll. « Étonnants Classiques », 2016), ces récits sont autant de lectures stimulantes à mobiliser pour l'écriture personnelle à l'examen du BTS, autant d'histoires exemplaires destinées à nourrir l'épreuve le jour J ! En privilégiant des textes courts et marquants, donnés dans leur intégralité, ce volume entend offrir des histoires aisément mémorisables qui permettent de s'emparer facilement des problématiques relatives au thème prescrit.

Élise CHEDEVILLE.

9 Histoires extraordinaires

Didier DAENINCKX

Toute une année au soleil

Le chien s'était habitué en moins d'une semaine. Après dix années passées à étouffer ses cris dans cet appartement de banlieue aux cloisons de papier mâché, il donnait libre cours à ses instincts et hurlait en écho aux autres chiens des fermes voisines saluant l'apparition de la lune.

C'est Pierre qui avait eu le coup de foudre pour cette région d'Ardèche. Il aimait les rivières encaissées, les villages fermés, les vallées authentiques que leur inconfort protégeait des grandes migrations estivales. L'autoroute du Sud passait à moins de trente kilomètres, reliant Valence à Tournon[1], mais peu de vacanciers se risquaient à emprunter les routes sinueuses du Haut-Vivarais[2].

Ils y étaient venus dix années de suite, en juillet, pour les congés, profitant chaque fois des dernières cerises et des premiers abricots. Ils avaient fini par acheter une vieille ferme perchée au-dessus d'Arlebosc sur un chemin qui s'arrêtait à la bâtisse suivante.

Pierre avait obtenu sa retraite en janvier et il était parti préparer la maison pour l'emménagement définitif. Il restait à Josette un long trimestre à accomplir pour bénéficier d'un

---

1. *Valence*, *Tournon* : villes du sud-est de la France.
2. *Haut-Vivarais* : région montagneuse de France située à l'est du Massif central.

repos octroyé après le sacrifice de quarante années de sa vie au profit d'un fabricant de roulements à billes.

Elle l'avait rejoint en avril, avec le camion de déménagement, et s'était installée dans la chambre dont les fenêtres donnaient en direction des Alpes que l'on apercevait nettement les veilles d'orage. Il y avait longtemps qu'ils ne faisaient plus chambre commune. Pierre bricolait du matin au soir dans la maison et dans le potager. Le soir il se bloquait, heureux, devant la télé, un verre de saint-joseph[1] à la main. Josette montait se coucher et son regard se troublait sur les lignes d'un livre sans réussir à accrocher le moindre mot. Les premiers mois elle avait essayé de lier conversation avec les femmes, au marché, dans les commerces, mais son assurance de Parisienne, d'ouvrière rompue aux contacts, les avait effrayées. Les tentatives s'étaient échouées sur leurs «bonjour», leurs «bonsoir».

Les enfants étaient venus, la fille en juillet, le fils en août, avec les petits, et elle avait cru faire provision de bonheur, d'éclats de rire pour les longs mois de déclin et de froid.

On était déjà en novembre et le vent sifflait dans les forêts dépouillées. Pierre remuait dans son lit, dormant par bribes. Le craquement d'une marche de l'escalier le mit en éveil. Il se redressa et tendit l'oreille. On marchait dans la salle à manger. Il décrocha son fusil et, lentement, faisant glisser ses pieds nus sur le carrelage du couloir, il progressa jusqu'à la chambre de Josette. Le corps de sa femme gonflait l'édredon. Pierre ne la réveilla pas et parvint jusqu'à la rambarde de bois qui surplombait le rez-de-chaussée. Une forme noire s'éloignait vers la porte d'entrée. L'inconnu se retourna brusquement pour prendre la valise posée près de lui. Pierre

---

1. *Saint-joseph* : vin du Rhône

interpréta le geste comme une menace et fit feu à deux reprises. L'inconnu s'écroula et ses râles d'agonie furent couverts par les réverbérations du fracas des détonations. Pierre se précipita vers la chambre de Josette, pour la rassurer. Elle n'avait pas bougé et il eut soudain peur qu'il lui soit arrivé malheur... Il tira l'édredon, faisant apparaître le traversin qui donnait l'illusion d'une présence. Il posa le fusil et descendit les marches à la volée, au risque de se rompre les os. Son doigt s'écrasa sur la commande électrique. La lumière crue éclaira le désastre. Josette gisait au milieu de son sang, sur le seuil de la maison. Elle avait réussi à ouvrir la valise, dans un dernier sursaut, et venait de quitter le monde le visage plongé dans les photos, les lettres, les souvenirs d'une vie dont elle refusait qu'elle se terminât là.

Main courante, © Verdier, 1994.

Italo CALVINO
La Ville sous la neige

Ce matin-là, ce fut le silence qui le réveilla. Marcovaldo se dressa dans son lit avec le sentiment qu'il y avait dans l'air quelque chose d'étrange. Il ne comprenait pas quelle heure il pouvait bien être; la lumière qui filtrait au travers des persiennes était différente de celle de toutes les heures du jour et de la nuit. Il ouvrit la fenêtre : la ville n'était plus là, elle avait été remplacée par une grande page blanche. Aiguisant son regard, il distingua dans tout ce blanc quelques lignes presque effacées qui correspondaient à celles de la vue habituelle : les fenêtres et les toits et les réverbères d'alentour mais ensevelis sous toute cette neige qui leur était tombée dessus pendant la nuit.

«La neige!» cria Marcovaldo à sa femme, ou plutôt voulut le crier, mais sa voix sortit, étouffée, de sa gorge. Comme sur les lignes et les couleurs et les perspectives, la neige était aussi tombée sur les bruits et même sur la possibilité de faire du bruit : dans cet espace capitonné, les sons ne vibraient plus.

Il se rendit à pied à son travail, la neige empêchant les trams de circuler. Dans la rue, s'ouvrant lui-même un passage, il se sentit libre comme il ne l'avait jamais été. Il n'y avait plus de différence entre le trottoir et la chaussée, les véhicules ne pouvaient pas passer. Et Marcovaldo, même s'il enfonçait jusqu'à mi-jambe à chaque pas et s'il sentait la neige s'infiltrer dans ses chaussettes, Marcovaldo était maître de marcher au milieu de la rue, de piétiner les plates-bandes, de traverser hors des clous, d'avancer en zigzaguant. Les rues et les boulevards s'ouvraient interminables et déserts, telles de blanches gorges de montagne. Qui sait si la ville ensevelie sous ce manteau était toujours la même ou si on l'avait changée contre une autre durant la nuit ?

Qui sait s'il y avait encore, sous ces monticules de neige, les postes d'essence, les kiosques à journaux, les arrêts des trams, ou s'il n'y avait rien que des sacs et des sacs de neige ? Tout en marchant, Marcovaldo rêvait qu'il se perdait dans une autre ville, alors qu'au contraire ses pas le ramenaient exactement à son lieu de travail quotidien, à la S.B.A.V. Au magasin habituel où le manœuvre s'étonna, dès qu'il en eut franchi le seuil, de se retrouver entre des murs toujours semblables, comme si le changement qui avait annulé le monde extérieur avait uniquement épargné la S.B.A.V.

Là, l'attendait une pelle, plus grande que lui. M. Viligelmo, le chef magasinier, lui dit en la lui tendant :

« C'est nous qui devons nettoyer le trottoir devant le magasin. Nous, ou plutôt toi... »

Marcovaldo prit la pelle sous son bras et sortit.

Déblayer de la neige n'est pas un jeu d'enfant, surtout quand on a l'estomac presque vide, mais, pour Marcovaldo, la neige était comme une amie, comme un élément qui annulait les murs qui emprisonnaient sa vie. Et il attaqua son travail avec ardeur, faisant voler de grandes pelletées de neige du trottoir au beau milieu de la chaussée.

Même Sigismondo le chômeur était plein de reconnaissance pour la neige car, s'étant fait engager le matin même dans l'équipe des balayeurs municipaux, il pouvait finalement compter sur quelques jours de travail assuré. Mais ce sentiment-là, plutôt qu'à de vagues rêveries comme Marcovaldo, le portait à calculer avec beaucoup de précision combien de mètres cubes de neige il faudrait déplacer pour déblayer tant ou tant de mètres carrés : il visait en somme à faire bonne impression sur le chef d'équipe et – c'était là son ambition secrète – à faire carrière.

Sigismondo se retourna, et que vit-il ? Un tronçon de la chaussée tout juste déblayé se recouvrait de neige sous les coups de pelle désordonnés d'un type qui s'affairait sur le trottoir. Il en eut presque un coup de sang. Il se précipita vers lui, lui appuyant sa pelle débordante de neige sur la poitrine :

«Hé, toi ! C'est toi qui balances toute cette neige ?

– Quoi ? quoi ? dit Marcovaldo en sursautant, mais en le reconnaissant tout de même : Ah ! peut-être bien que oui.

– Bon, ou tu la reprends tout de suite avec ta pelle, ou je te la fais manger jusqu'au dernier flocon.

– Mais je dois déblayer le trottoir...

– Et moi, la rue, alors !...

– Où que je la mets ?

– Tu travailles pour la mairie ?

– Non, pour la S.B.A.V.»

Sigismondo lui apprit à entasser la neige sur le bord de la chaussée, et Marcovaldo lui renettoya tout son tronçon. Satisfaits l'un de l'autre, leurs deux pelles plantées dans la neige, ils contemplèrent le travail accompli.

«T'aurais pas une petite pipe ?» demanda Sigismondo.

Ils étaient occupés à allumer chacun une demi-cigarette, quand une balayeuse chasse-neige parcourut la rue en soulevant deux gerbes blanches qui retombaient sur ses côtés. Tout bruit, ce matin-là, n'était seulement qu'un bruissement : quand les deux hommes levèrent les yeux, tout le tronçon qu'ils avaient déblayé était de nouveau recouvert de neige.

« Qu'est-ce qui se passe ? Y s'est remis à neiger ? »

Le chasse-neige, roulant sur ses balais mécaniques, disparaissait déjà au premier tournant.

Marcovaldo apprit à entasser la neige pour en faire de petits murs compacts. S'il continuait comme ça à faire de petits murs, il pouvait construire des rues pour lui tout seul, des rues qui l'auraient conduit en des endroits qu'il était seul à connaître, des rues dans lesquelles tous les autres se seraient perdus. Refaire la ville, faire des tas de neige hauts comme des maisons que personne n'aurait pu distinguer des vraies maisons. Ou peut-être, toutes les maisons étant désormais devenues de neige tant à l'intérieur qu'à l'extérieur, refaire toute une ville de neige : monuments, clochers et arbres compris ; une ville qu'on pouvait défaire à coups de pelle et rebâtir d'une autre façon.

À un certain endroit, au bord du trottoir, il y avait un tas de neige considérable. Marcovaldo se préparait à le niveler pour le ramener à la hauteur de ses murets, quand il s'aperçut que c'était une automobile : la luxueuse voiture toute recouverte de neige du *commendatore*[1] Alboino, le président du conseil d'administration de la S.B.A.V. Étant donné que la différence entre une auto et un tas de neige était à peine sensible, Marcovaldo se mit à modeler à coups de pelle une automobile de neige. Elle fut très réussie : on ne pouvait réellement pas distinguer la vraie voiture de la fausse. Pour fignoler son œuvre, Marcovaldo se servit de quelques détritus mis au jour par sa pelle : une boîte en fer-blanc tomba pile pour figurer la forme d'un phare, et un bout de robinet fit office de poignée de portière.

---

1. ***Commendatore*** (commandeur) et ***cavaliere*** (chevalier) : deux des titres honorifiques italiens accordés par l'ordre de la Couronne d'Italie et, depuis 1951, par l'ordre de la République. (Note du traducteur.)

Il y eut tout un tas de saluts de la part des portiers, des huissiers et des garçons de bureau, et le *commendatore* Alboino franchit le seuil de la S.B.A.V. Myope et dynamique, il se dirigea d'un pas vif et décidé vers sa voiture, empoigna le robinet qui dépassait, baissa la tête et s'enfonça dans le tas de neige jusqu'au cou.

Marcovaldo avait déjà tourné le coin de la rue et déblayait la cour. La cour où des gosses avaient fait un bonhomme de neige.

« Y n'a pas de nez, dit l'un d'eux.
– Qu'est-ce qu'on va lui mettre ?
– Une carotte ! »

Ils se précipitèrent vers les cuisines familiales pour y fouiller dans les légumes.

Marcovaldo contemplait l'homme de neige : « Sous la neige, on fait guère de différence entre ce qu'est en neige et ce qu'en est seulement recouvert. Sauf pour l'homme, parce qu'on sait que moi c'est moi, et pas ce bonhomme de neige. »

Absorbé dans ses pensées, il ne s'aperçut pas que, du toit, deux hommes criaient :

« Hé ! m'sieur, tirez-vous de là ! »

C'étaient des gars qui déblayaient la neige des tuiles et, brusquement, trois cents kilos de neige lui tombèrent juste dessus.

Les gosses revinrent avec des carottes.

« Oh ! Ils ont fait un autre bonhomme de neige ! »

Au milieu de la cour, il y en avait maintenant deux, semblables et proches l'un de l'autre.

« On leur met un nez à tous les deux ! »

Et les gosses enfoncèrent deux carottes dans les têtes des deux bonshommes de neige.

Marcovaldo, plus mort que vif, sentit, à travers toute cette neige qui l'ensevelissait et le congelait, qu'il lui arrivait quelque chose à manger. Et il se mit à mâcher.

«Bon Dieu! La carotte a disparu!»

Les gosses étaient épouvantés.

Le plus intrépide ne perdit pas courage. Il avait un nez de rechange : un poivron; et il le mit au bonhomme de neige. Le bonhomme de neige avala aussi ce nez-là.

Alors ils essayèrent de lui mettre un morceau de charbon en guise de nez, une briquette. Marcovaldo la recracha énergiquement.

«Au secours! Il est vivant! Il est vivant!»

Et les gosses s'enfuirent.

Dans un coin de la cour, il y avait une grille d'où s'échappait un nuage de chaleur. Marcovaldo, de son pas lourd de bonhomme de neige alla s'installer dessus. La neige se mit à fondre, coulant en rigoles sur ses vêtements, faisant réapparaître un Marcovaldo tout gonflé de froid, tout enchifrené.

Il empoigna sa pelle, surtout pour se réchauffer, et se mit à déblayer la cour. Il avait une terrible envie d'éternuer qui s'était bloquée au sommet de son nez, qui restait là, et ne se décidait pas à éclater. Marcovaldo déblayait, les yeux à demi fermés, et son éternuement restait toujours perché au sommet de son nez. Brusquement, l'«Aaaa...» fut presque un grondement, et le «tchoum!» fut plus fort que l'explosion d'une mine. Par suite du déplacement d'air, Marcovaldo alla s'écraser contre le mur.

En fait de déplacement d'air, c'était une vraie trombe que l'éternuement avait provoquée. Toute la neige de la cour se souleva, tourbillonna telle une tourmente et fut aspirée vers le haut, se pulvérisant dans le ciel.

Quand Marcovaldo, revenu de son évanouissement, rouvrit les yeux, la cour était entièrement déblayée, sans le moindre flocon de neige. Et il revit alors la vieille cour, les murs gris, les caisses du magasin, les choses de tous les jours, anguleuses et hostiles.

Marcovaldo ou les Saisons en ville, trad. Roland Stragliati ;
© Julliard, 1979, pour la traduction française ;
© Gallimard/The Estate of Italo Calvino. All rights reserved.

Sylvain TESSON

La Fille

Quand Jenny, égérie de la maison Gucci, tomba du voilier en mer, elle eut le sentiment que ce qui se passait n'était pas réel et qu'elle allait se réveiller d'un cauchemar. Ensuite elle imagina que le temps allait remonter son cours puis, comme les secondes s'écoulaient, elle se persuada que la force des choses allait la ramener sur le pont et la vie reprendre son cours, mais lorsque l'eau salée entra dans ses sinus, elle fut forcée d'accepter la vérité : elle était passée par-dessus le bastingage[1].

Le bateau, poussé par un vent de trois quarts arrière, filait à huit nœuds.

Il y avait eu une semaine entière de calme plat, mais le vent s'était levé le matin et Érik avait ordonné qu'on amène le spinnaker[2]. Vue de loin, la toile déployée faisait une plaie rouge dans le ciel de la mer Égée : la lumière de Grèce ne laisse rien dans la demi-teinte. Jenny n'aurait jamais cru que la voilure s'étendît sur pareille surface. Lorsqu'on la regarde du pont, la perspective ne donne pas la mesure de ses dimensions.

Elle hurla. Mais le bateau était déjà loin et les rafales de vent y faisaient cliqueter les élingues[3] et claquer les voiles. Les vagues donnaient contre la coque.

---

1. *Bastingage* : parapet bordant le pont d'un navire.
2. *Spinnaker* : une des voiles du bateau.
3. *Élingues* : accessoires souples de levage (cordages…).

Comme tous les après-midi, Greta et John étaient descendus dans la cabine arrière. Depuis qu'ils avaient découvert l'intense pouvoir érotique d'un bateau, ils ne se lâchaient plus. Albrecht cuvait son gin, allongé, sur le pont avant, la revue *Optimum* en pare-soleil sur le visage. Érik tenait la barre : obsédé par la rectitude du bord de fuite du foc, il ne pouvait se douter que Jenny se fût penchée à la proue.

Elle ne serait pas tombée si elle n'avait bu. Elle buvait parce qu'elle en voulait à Érik. Ce petit merdeux la délaissait, il ne s'intéressait qu'à la météo. Jamais elle n'aurait cru que l'aiguille d'un baromètre pût concurrencer ses seins magnifiques. Elle se sentait jalouse de la mer ! Si elle avait su qu'elle éprouverait un sentiment d'une telle banalité, elle n'aurait jamais accepté de monter à bord. Restait le gin pour faire passer le temps. Mais le gin fait tituber, surtout sur un bateau. C'est un alcool si mauvais que l'estomac l'expédie le plus vite possible dans le sang. Il ne devrait jamais y avoir de gin à bord d'un bateau. Le gin avait fait trébucher Jenny.

Elle cessa de hurler. Non pas qu'elle eût compris que cela ne servait à rien, mais parce qu'elle s'était mise à pleurer. Elle avait une capacité stupéfiante à l'apitoiement sur soi. Elle avait vingt et un ans, venait de tomber à la mer et sa vie de mannequin international ne l'avait pas préparée à cette situation. Elle passa sur ses lèvres une langue musclée qui, ce mois-ci, léchait le talon d'une chaussure Gucci en couverture de *Vogue*.

Dans combien de temps les autres s'apercevraient-ils qu'elle n'était plus sur le yacht ? Il pouvait s'écouler des heures avant qu'ils ne s'inquiètent. À bord pas plus qu'à terre, on ne se préoccupait de son prochain. On était parti pour une «virée entre amis», c'était les mots qu'avait employés Érik au téléphone avec une voix vicieuse pour les inviter sur son bateau. La promiscuité avait révélé qu'on n'était pas amis. Dès le premier jour, chacun s'était cadenassé dans l'assouvissement de ses jouissances. Albrecht se saoulait, John ne pensait qu'au cul de Greta, Érik au bateau et elle à rentrer. Dire qu'elle supportait cette faune visqueuse de producteurs et de photographes depuis quatre ans. Tout ça pour se retrouver en bikini rouge (Gucci) au milieu de l'Égée.

Le cargo *Hispania*, battant pavillon biélorusse, avait essuyé une tempête violente et brève au large de Malte ; un de ces coups de vent méditerranéens qui sont des coups de hache. Les rafales avaient dévalé du sommet de l'île. Le grain avait vaporisé la surface de l'eau, puis le calme était revenu. Mais l'une des sangles qui retenaient un conteneur, déjà durement éprouvée par la houle de l'océan Indien, avait cassé net, propulsant le caisson par-dessus les francs-bords[1] du pont avant. L'énorme volume de métal avait rebondi sur la coque dans un bruit d'explosion. Joaqim de Samoreira, le capitaine, avait murmuré «*puta di puta di mierda di puta*», mais il n'avait donné aucun ordre. Sur les cargos, on ne récupère jamais les caissons : les assurances paient. Il en tombait dans l'eau à chaque voyage. Parfois, la tôle s'ouvrait sous le choc et le contenu était rejeté sur le rivage, ce qui donnait lieu au sein des populations côtières à des scènes de réjouissance. Une année, quinze mille ours en peluche étaient venus s'échouer sur le rivage des Lofoten[2], juste avant Noël. Seuls les mômes qui reçurent tous le même cadeau au pied de l'arbre n'avaient pas été contents. Une autre fois, des milliers de paires de Nike avaient atteint les côtes de la basse Califor-

---

1. Les *francs-bords* désignent ce qui se situe entre le niveau de l'eau et la partie supérieure du pont.
2. *Lofoten* : archipel appartenant à la Norvège et situé au large de Bodø, au nord du cercle polaire.

nie et pendant un mois on avait lu dans les journaux de la région des annonces telles que «échange pied droit 44 contre pied gauche 37».

Le conteneur arriva à portée de nage de Jenny juste avant le coucher du soleil. Elle était dans l'eau depuis trois heures de l'après-midi et ses dents commençaient à claquer. La plaque de tôle sur laquelle elle jucha dépassait d'une dizaine de centimètres de la surface de l'eau. Un morceau de sangle encore fixé à une manille[1] traînait dans l'eau. Jenny se noua la taille. Elle s'endormit dans la nuit douce.

Le lendemain à midi, le capitaine du caïque[2] *Ephemeris*, balayant l'horizon de ses jumelles, aperçut dans l'œilleton la plus belle fille qu'il eût jamais vue de sa vie, à demi nue, flottant à quelques centimètres au-dessus de la surface de l'eau, les cheveux défaits, sans connaissance. Il accosta contre le caisson en se disant qu'aucun des pêcheurs de Naxos ne le croirait jamais. Juste avant d'embarquer la fille à son bord, il prit une photo avec le petit appareil qui lui servait à photographier les bonites[3].

Jenny se réveilla sur un tas de filets qui sentaient le poisson. Le capitaine lui adressa un sourire et, comme il était un peu impressionné par la beauté de la fille, s'abstint de penser «belle prise!». Il lui servit une tasse de café dans un quart en métal rouge ainsi qu'un hareng à l'huile. C'était la première fois que Jenny mangeait un hareng à l'huile. Ce fut aussi la première fois qu'elle termina son assiette. Elle en lécha même le fond de toute sa langue magnifiquement charnue et le Grec dut se concentrer sur le cap. Il entreprit ensuite de lui énumérer toutes les espèces de poissons qu'il ramassait dans ces

---

1. *Manille* : étrier de métal qui sert à relier deux anneaux ou deux chaînes.
2. *Caïque* : petit bateau de pêche.
3. *Bonites* : poissons de mer comestibles proches du thon.

eaux, «girelle, lieu noir, julienne, thon, rascasse», mais ce n'était pas le genre de conversation qui faisait succomber une fille telle que Jenny, qui avait déjà eu cent cinquante-quatre aventures sexuelles avec les chanteurs et banquiers les plus en vue de Londres et de Moscou. Elle se rendormit jusqu'au port de Naxos, où le petit bateau toucha le quai au soir venu. Cela faisait trente heures qu'elle était tombée du yacht. Elle fut reçue par le maire et le chef de la capitainerie. On avait signalé sa disparition la veille au soir. Un hélicoptère avait été envoyé pour appuyer les quatre vedettes de secours. Sur le yacht, ses amis avaient participé aux recherches avec les gardes-côtes. Le photographe du journal local (*Le Courrier de Scylla*) fut fasciné par la splendeur de Jenny et grilla sept bobines de film en la faisant poser à la proue du cargo, puis sur le filet où elle avait dormi, puis avec le capitaine qui l'avait sauvée, et enfin avec le chef de la capitainerie qui insistait beaucoup. Dans l'euphorie, malgré sa fatigue et l'envie d'un steak au poivre, Jenny se plia de bonne grâce à la séance. Ces gens étaient si gentils. Le lendemain une photo de Jenny couchée sur le filet à poissons s'étalait à la une du journal sous le titre «Belle prise».

Les rédacteurs en chef de la presse régionale grecque appartiennent à une race beaucoup moins bien élevée que les patrons de pêche.

À cause de la beauté de Jenny, l'affaire fit grand bruit en Grèce. Tous les journaux voulaient les photos. On titrait : «La miraculée de l'Égée», «Une sirène dans les Cyclades», «Le sauvetage de Nausicaa». Certains commentateurs profitèrent de l'événement pour dénoncer la complaisance du gouvernement à l'égard des transporteurs battant pavillon de complaisance et semant les conteneurs dans leur sillage.

Lorsque le capitaine du bateau de pêche développa son film, il eut une belle surprise. La photo de Jenny endormie sur le caisson était superbe. La scène était baignée d'une lumière mythologique, la mer était noire, Jenny dormait, abandonnée dans une position enfantine mais érotique, la jambe droite repliée, un sein dévoilé, les cheveux en couronne d'or, l'ovale du visage recueilli dans le creux du coude... Une jeune déesse grecque dans un somptueux animal humain. Il envoya le cliché à *Vogue*.

La photo fit la couverture du magazine le mois d'après. Le capitaine reçut 10 000 euros, soit l'équivalent du produit de la vente de trois tonnes de morue à la criée du mercredi (3,20 euros le kilo). C'est alors que la directrice du service de presse de Gucci parvint à lire à la loupe le numéro d'immatriculation inscrit sur le conteneur de la photo. Une cargaison de sacs Gucci avait justement été portée manquante le mois précédent. On fit quelques recherches : c'était le caisson en question. La Vénus avait été sauvée par un conteneur appartenant à sa propre maison ! Pour le service de communication du couturier, l'affaire avait une allure de miracle. Pendant quatre ans, l'image servit d'affiche à la marque. Elle s'étala de Paris à Johannesburg et d'Amsterdam à Singapour. Le capitaine s'acheta une villa sur les hauteurs de Naxos ainsi qu'un nouveau bateau et il écrivit tous les ans à Jenny en lui disant de passer le voir.

La jeune fille n'honora jamais l'invitation parce que, cinq heures après sa chute, elle était toujours dans l'eau. Le yacht d'Érik avait disparu de l'horizon. Le soleil se couchait. Jenny venait de boire la tasse, car elle s'était endormie quelques secondes, juste assez pour faire ce rêve. À présent, tout engourdie de froid, elle sentait ses forces la quitter.

Une vie à coucher dehors, © Gallimard, 2009.

Jean-Marie Gustave Le Clézio

La Ronde

Les deux jeunes filles ont décidé de se rencontrer là, à l'endroit où la rue de la Liberté s'élargit pour former une petite place. Elles ont décidé de se rencontrer à une heure, parce que l'école de sténo[1] commence à deux heures, et que ça leur laissait tout le temps nécessaire. Et puis, même si elles arrivaient en retard ? Et quand bien même elles seraient renvoyées de l'école, qu'est-ce que ça peut faire ? C'est ce qu'a dit Titi, la plus âgée, qui a des cheveux rouges, et Martine a haussé les épaules, comme elle fait toujours quand elle est d'accord et qu'elle n'a pas envie de le dire. Martine a deux ans de moins que Titi, c'est-à-dire qu'elle aura dix-sept ans dans un mois, bien qu'elle ait l'air d'avoir le même âge. Mais elle manque un peu de caractère, comme on dit, et elle cherche à dissimuler sa timidité sous un air renfrogné, en haussant les épaules pour un oui ou pour un non, par exemple.

En tout cas ce n'est pas Martine qui a eu l'idée. Ce n'est peut-être pas Titi non plus, mais c'est elle qui en a parlé la première. Martine n'a pas eu l'air bien surprise, elle n'a pas poussé de hauts cris. Elle a seulement haussé les épaules, et c'est comme cela que les deux jeunes filles se sont mises

---

[1]. **Sténo** : abréviation de sténographie, procédé d'écriture qui sert à transcrire la parole aussi rapidement qu'elle est prononcée.

d'accord. Pour l'endroit, il y a quand même eu une petite discussion. Martine voulait que ça se fasse en dehors de la ville, aux Moulins par exemple, là où il n'y a pas trop de monde, mais Titi a dit que c'était mieux en pleine ville, au contraire, là où il y a des gens qui passent, et elle a tellement insisté que Martine finalement a haussé les épaules. Au fond, en pleine ville ou aux Moulins, c'est la même chose, c'est une question de chance, voilà tout. C'est ce que pensait Martine, mais elle n'a pas jugé bon de le dire à son amie.

Pendant tout le temps du déjeuner avec sa mère, Martine n'a presque pas pensé au rendez-vous. Quand elle y pensait, ça l'étonnait de s'apercevoir que ça lui était égal. Ce n'était sûrement pas pareil pour Titi. Elle, ça faisait des jours et des jours qu'elle ruminait toute cette histoire, elle en avait sûrement parlé pendant qu'elle mangeait son sandwich sur un banc, à côté de son petit ami. D'ailleurs c'est lui qui a parlé la première fois de prêter son vélomoteur à Martine, parce qu'elle n'en avait pas. Mais lui, on ne peut pas savoir ce qu'il pense de tout cela. Il a de petits yeux étroits où on ne lit absolument rien, même quand il est furieux ou qu'il s'ennuie.

Pourtant, quand elle est arrivée dans la rue de la Liberté, près de la place, Martine a senti son cœur tout d'un coup qui paniquait. C'est drôle, un cœur qui a peur, ça fait «boum, boum, boum», très fort au centre du corps, et on a tout de suite les jambes molles, comme si on allait tomber. Pourquoi a-t-elle peur? Elle ne sait pas très bien, sa tête est froide, et ses pensées sont indifférentes, même un peu ennuyées; mais c'est comme si à l'intérieur de son corps il y avait quelqu'un d'autre qui s'affolait. En tout cas, elle serre les lèvres et elle respire doucement, pour que les autres ne voient pas ce qui se passe en elle. Titi et son ami sont là, à califourchon sur les vélomoteurs. Martine n'aime pas l'ami de Titi; elle ne s'approche pas de lui pour ne pas avoir à l'embrasser. Titi, ce n'est pas pareil. Martine et elle sont vraiment amies, surtout depuis un an, et pour Martine, tout a changé depuis qu'elle a une amie. Maintenant elle a moins peur des garçons, et elle a l'impression que plus rien ne peut l'atteindre, puisqu'elle a une amie. Titi n'est pas jolie, mais elle sait rire, et elle a de beaux yeux gris-vert ; évidemment, ses cheveux rouges sont un peu excentriques, mais c'est un genre qui lui va. Elle protège toujours Martine contre les garçons. Comme Martine est jolie fille, elle a souvent des problèmes avec les garçons, et Titi lui vient en aide, quelquefois elle sait donner des coups de pieds et des coups de poing.

Peut-être que c'est le petit ami de Titi qui a eu l'idée d'abord. C'est difficile à dire parce que ça fait longtemps qu'ils ont tous plus ou moins envie d'essayer, mais les garçons parlent toujours beaucoup et ils ne font pas grand-chose. Alors c'est Titi qui a dit qu'on allait leur montrer, qu'on ne se dégonflerait pas, et qu'ils pourraient aller se rhabiller, les types et les filles de la bande, et que Martine après ça n'aurait plus rien à craindre. C'est la raison pour laquelle Martine sent son cœur battre très fort dans sa cage thoracique, parce que c'est un examen, une épreuve. Elle n'y avait pas pensé jusqu'à maintenant, mais tout d'un coup, en voyant Titi et le garçon assis sur les vélomoteurs à l'angle de la rue, au soleil, en train de fumer, elle comprend que le monde attend quelque chose, qu'il doit se passer quelque chose. Pourtant, la rue de la Liberté est calme, il n'y a pas grand monde qui passe. Les pigeons marchent au soleil, sur le bord du trottoir et dans le ruisseau, en faisant bouger mécaniquement leurs têtes. Mais c'est comme si, de toutes parts, était venu un vide intense, angoissant, strident à l'intérieur des oreilles, un vide qui suspendait une menace en haut des immeubles de sept étages, aux balcons, derrière chaque fenêtre, ou bien à l'intérieur de chaque voiture arrêtée.

Martine reste immobile, elle sent le froid du vide en elle, jusqu'à son cœur, et un peu de sueur mouille ses paumes. Titi et le garçon la regardent, les yeux plissés à cause de la lumière du soleil. Ils lui parlent, et elle ne les entend pas. Elle doit être très pâle, les yeux fixes, et ses lèvres tremblent. Puis d'un seul coup cela s'en va, et c'est elle maintenant qui parle, la voix un peu rauque, sans savoir très bien ce qu'elle dit.

«Bon. Alors, on y va? On y va maintenant?»

Le garçon descend de son vélomoteur. Il embrasse Titi sur la bouche, puis il s'approche de Martine qui le repousse avec violence.

«Allez, laisse-la.»

Titi fait démarrer brutalement son vélomoteur et vient se placer à côté de Martine. Puis elles démarrent au même moment, en donnant des coups d'accélérateur. Elles roulent un instant sur le trottoir, puis elles descendent ensemble sur la chaussée, et elles restent côte à côte dans le couloir réservé aux bus.

Maintenant qu'elle roule, Martine ne ressent plus la peur à l'intérieur de son corps. Peut-être que les vibrations du vélomoteur, l'odeur et la chaleur des gaz ont empli tout le creux qu'il y avait en elle. Martine aime bien rouler en vélomoteur, surtout quand il y a beaucoup de soleil et que l'air n'est pas froid, comme aujourd'hui. Elle aime se faufiler entre les autos, la tête tournée un peu de côté pour ne pas respirer le vent, et aller vite! Titi a eu de la chance, c'est son frère qui lui a donné son vélomoteur, enfin, pas exactement donné; il attend que Titi ait un peu d'argent pour le payer. Le frère de Titi, ce n'est pas comme la plupart des garçons. C'est un type bien, qui sait ce qu'il veut, qui ne passe pas son temps à raconter des salades comme les autres, juste pour se faire valoir. Martine ne pense pas vraiment à lui, mais juste quelques secondes c'est comme si elle était avec lui, sur sa grosse moto Guzzi[1] , en train de foncer à toute vitesse dans la rue vide. Elle sent le poids du vent sur son visage, quand elle est accrochée à deux mains au corps du garçon, et le vertige des virages où la terre bascule, comme en avion.

Les deux jeunes filles roulent le long du trottoir, vers l'ouest. Le soleil est au zénith, il brûle, et l'air frais n'arrive pas à dissiper l'espèce de sommeil qui pèse sur le goudron de la rue et sur le ciment des trottoirs. Les magasins sont fermés, les rideaux de fer sont baissés, et cela accentue encore l'impression de torpeur. Malgré le bruit des vélomoteurs, Martine entend par instants, au passage, le glouglou des postes de télévision qui parlent tout seuls au premier étage des immeubles. Il y a une voix d'homme, et de la musique qui résonne bizarrement dans le sommeil de la rue, comme dans une grotte.

Titi roule devant, à présent, bien droite sur la selle de son vélomoteur. Ses cheveux rouges flottent au vent, et son blouson d'aviateur se gonfle dans le dos. Martine roule derrière elle, dans la même ligne, et quand elles passent devant les vitrines des garages, elle aperçoit du coin de l'œil leurs silhouettes qui glissent, comme les silhouettes des cavaliers dans les films de cow-boys.

Puis, tout d'un coup, à nouveau, la peur revient à l'intérieur de Martine, et sa gorge devient sèche. Elle vient de s'apercevoir que la rue n'est pas vraiment vide, que tout cela est comme réglé d'avance, et qu'elles s'approchent de ce qui va arriver sans pouvoir se détourner. L'angoisse est si forte

---

[1]. *Guzzi* : marque italienne de motos.

que tout se met à bouger devant les yeux de Martine, comme quand on va se trouver mal. Elle voudrait s'arrêter, s'allonger n'importe où, par terre, contre un coin de mur, les genoux repliés contre son ventre, pour retenir les coups de son cœur qui jettent des ondes à travers son corps. Son vélomoteur ralentit, zigzague un peu sur la chaussée. Devant elle, au loin, Titi continue sans se retourner, bien droite sur la selle de son vélomoteur, et la lumière du soleil étincelle sur ses cheveux rouges.

Ce qui est terrible surtout, c'est que les gens attendent. Martine ne sait pas où ils sont, ni qui ils sont, mais elle sait qu'ils sont là, partout, le long de la rue, et leurs yeux impitoyables suivent la cavalcade des deux vélomoteurs le long du trottoir. Qu'est-ce qu'ils attendent, donc? Qu'est-ce qu'ils veulent? Peut-être qu'ils sont en haut des immeubles blancs, sur les balcons, ou bien cachés derrière les rideaux des fenêtres? Peut-être qu'ils sont très loin, à l'intérieur d'une auto arrêtée, et qu'ils guettent avec des jumelles? Martine voit cela, l'espace de quelques secondes, tandis que sa machine ralentit en zigzaguant sur la chaussée, près du carrefour. Mais dans un instant, Titi va regarder derrière elle, elle va rebrousser chemin, elle va dire: «Eh bien? Eh bien? Qu'est-ce que tu as? Pourquoi tu t'arrêtes?»

Martine ferme les yeux, et elle savoure ces quelques secondes de nuit rouge, dans toute cette journée cruelle. Quand elle regarde à nouveau, la rue est encore plus déserte et plus blanche, avec le grand fleuve de goudron noir qui fond sous les rayons du soleil. Martine serre bien fort les lèvres, comme tout à l'heure, pour ne pas laisser échapper sa peur. Les autres, ceux qui regardent, les embusqués derrière leurs volets, derrière leurs autos, elle les déteste si fort que ses lèvres recommencent à trembler et que son cœur bat la chamade. Toutes ces émotions vont et viennent si vite que Martine sent une ivresse l'envahir, comme si elle avait trop bu et fumé. Elle voit encore, du coin de l'œil, les visages de ceux qui attendent, qui regardent, les sales embusqués derrière leurs rideaux, derrière leurs autos. Hommes au visage épais, aux yeux enfoncés, hommes enflés, qui sourient vaguement, et dans leur regard brille une lueur de désir, une lueur de méchanceté. Femmes, femmes aux traits durcis, qui la regardent avec envie et mépris, avec crainte aussi, et puis visages de filles de l'École de sténo, visages des garçons qui tournent, qui s'approchent, qui grimacent. Ils sont là tous, Martine devine leur présence derrière les vitres des bars, dans les recoins de la rue que le soleil vide.

Quand elle repart, elle voit Titi arrêtée avant le carrefour suivant, à l'arrêt de bus. Titi est à demi tournée sur la selle de son vélomoteur, ses cheveux rouges sont rabattus sur sa figure. Elle est très pâle, elle aussi, car la peur trouble l'intérieur de son corps et fait un nœud dans sa gorge. C'est sûrement le soleil de feu qui donne la peur, et le ciel nu, sans un nuage, au-dessus des septièmes étages des immeubles neufs.

Martine arrête son vélomoteur à côté de Titi, et elles restent toutes les deux immobiles, la main sur la poignée des gaz, sans rien dire. Elles ne se parlent pas, elles ne se regardent pas, mais elles savent que la ronde va commencer, maintenant, et leur cœur bat très fort, non plus d'inquiétude, mais d'impatience.

La rue de la Liberté est vide et blanche, avec ce soleil au zénith qui écrase les ombres, les trottoirs déserts, les immeubles aux fenêtres pareilles à des yeux éteints, les autos qui glissent silencieusement. Comment tout peut-il être si calme, si lointain ? Martine pense aux moteurs des motos qui peuvent éclater comme le bruit du tonnerre, et elle voit un instant la rue s'ouvrir, se précipiter sous les pneus qui la dévorent, tandis que les fenêtres explosent en mille miettes qui jonchent l'asphalte de petits triangles de verre.

Tout cela est à cause d'elle, d'elle seule : la dame en tailleur bleu attend l'autobus, sans regarder les jeunes filles, un peu comme si elle dormait. Elle a un visage rouge parce qu'elle a marché au soleil, et sous la veste de son tailleur bleu, son chemisier blanc colle à sa peau. Ses petits yeux sont enfoncés dans ses orbites, ils ne voient rien, ou à peine, furtivement, vers le bout de la rue où doit venir le bus. Au bout de son bras droit, elle balance un peu son sac à main de cuir noir, marqué d'un fermoir en métal doré qui envoie des éclats de lumière. Ses chaussures sont noires également, un peu arquées sous le poids du corps, usées en dedans.

Martine regarde la dame en tailleur bleu avec tellement d'insistance que celle-ci tourne la tête. Mais ses yeux petits sont cachés par l'ombre de ses arcades sourcilières, et Martine ne peut pas rencontrer son regard. Pourquoi chercher à saisir son regard ? Martine ne sait pas ce qui est en elle, ce qui la trouble, ce qui l'inquiète et l'irrite à la fois. C'est peut-être parce qu'il y a trop de lumière ici, cruelle et dure, qui alourdit le visage de cette femme, qui fait transpirer sa peau, qui fait briller les rayons aigus sur le fermoir doré de son sac à main ?

Tout d'un coup, Martine donne un coup d'accélérateur, et le vélomoteur bondit sur la chaussée. Aussitôt elle sent l'air sur son visage, et la stupeur s'efface. Elle roule vite, suivie de Titi. Les deux vélomoteurs avancent avec fracas sur la chaussée déserte, s'éloignent. La dame en bleu les suit un instant du regard, elle voit les vélomoteurs tourner deux rues plus loin, à droite. Le bruit aigu des moteurs s'éteint soudain.

À quelques pâtés de maisons, pas très loin de la gare, le camion bleu de déménagement démarre lentement, chargé de meubles et de cartons. C'est un camion ancien, haut sur roues, peint en vilain bleu, et que les chauffeurs successifs ont brutalisé depuis un million de kilomètres, à grands coups de frein et en cognant sur le levier de vitesses. Devant le camion bleu, la rue étroite est encombrée de voitures arrêtées. En passant près des bars, le chauffeur se penche, mais il n'aperçoit que l'ombre au fond des salles. Il sent la fatigue et la faim, ou bien c'est la lumière trop dure qui se réverbère sur le goudron de la chaussée. Il plisse les yeux, il grimace. Le camion bleu va vite le long de la rue étroite, et le grondement de son moteur s'amplifie dans les portes cochères. Sur la plate-forme arrière, les meubles grincent, des objets s'entrechoquent dans les cartons d'emballage. L'odeur lourde du gas-oil emplit la cabine, se répand au-dehors, dans une fumée bleue qui traîne le long de la rue. Le vieux camion tangue et roule sur les cahots, il fonce droit devant lui, un peu semblable à un animal en colère. Les pigeons s'envolent devant son capot. Il traverse une rue, une autre rue, presque sans ralentir, peut-être que le million de kilomètres qu'il a parcouru à travers les rues de la ville lui donne le droit de passage.

Seconde, troisième, seconde. Les vitesses grincent, le moteur cogne, fait des ratés. Sur les vitres des magasins la silhouette bleue passe vite, un peu semblable à un animal furieux.

Là-bas, au bord du trottoir, la dame en tailleur bleu attend toujours. Elle vient de consulter sa montre pour la troisième fois, mais les aiguilles semblent s'être bloquées sur cette insignifiance : une heure vingt-cinq. À quoi pense-t-elle ? Son visage rouge est impassible, la lumière du soleil marque à peine les ombres de ses orbites, de son nez, de son menton. Éclairée bien en face, elle ressemble à une statue de plâtre, immobile au bord du trottoir. Seule la peau noire de son sac à main et de ses chaussures semble vivante, jetant des éclats de lumière. À ses pieds, son ombre est tassée comme une dépouille, un peu rejetée en arrière. Peut-être qu'elle ne pense à rien, pas même à l'autobus numéro sept qui doit bien venir, qui roule le long des trottoirs vides, quelque part, qui s'arrête pour ramasser deux enfants qui vont au lycée, puis, plus loin, un vieil homme en complet gris. Mais ses pensées sont arrêtées, elles attendent comme elle, en silence. Elle regarde, simplement, parfois un vélomoteur qui passe en faisant son bruit de chaîne, parfois une auto qui glisse sur l'asphalte, avec ce bruit chaud de rue mouillée.

Tout est si lent, et pourtant, il y a comme des éclairs qui frappent le monde, des signes qui fulgurent à travers la ville, des éclats de lumière fous. Tout est si calme, au bord du sommeil, dirait-on, et pourtant il y a cette rumeur et ces cris rentrés, cette violence.

Martine roule devant Titi, elle fonce à travers les rues vides, elle penche tellement son vélomoteur dans les virages que le pédalier racle le sol en envoyant des gerbes d'étincelles. L'air chaud met des larmes dans ses yeux, appuie sur sa bouche et sur ses narines, et elle doit tourner un peu la tête pour respirer. Titi suit à quelques mètres, ses cheveux rouges tirés par le vent, ivre, elle aussi, de vitesse et de l'odeur des gaz. La ronde les emmène loin à travers la ville, puis les ramène lentement, rue par rue, vers l'arrêt d'autobus où attend la dame au sac noir. C'est le mouvement circulaire qui les enivre aussi, le mouvement qui se fait contre le vide des rues, contre le silence des immeubles blancs, contre la lumière cruelle qui les éblouit. La ronde des vélomoteurs creuse un sillon dans le sol indifférent, creuse un appel, et c'est pour cela aussi, pour combler ce vertige, que roulent le long des rues le camion bleu et l'autobus vert, afin que s'achève le cercle.

Dans les immeubles neufs, de l'autre côté des fenêtres pareilles à des yeux éteints, les gens inconnus vivent à peine, cachés par les membranes de leurs rideaux, aveuglés par l'écran perlé de leurs postes de télévision. Ils ne voient pas la lumière cruelle, ni le ciel, ils n'entendent pas l'appel strident des vélomoteurs qui font comme un cri. Peut-être qu'ils ignorent même que ce sont leurs enfants qui tournent ainsi dans cette ronde, leurs filles au visage encore doux de l'enfance, aux cheveux emmêlés par le vent.

Dans les cellules de leurs appartements fermés, les adultes ne savent pas ce qui se passe au-dehors, ils ne veulent pas savoir qui tourne dans les rues vides, sur les vélomoteurs fous. Comment pourraient-ils le savoir? Ils sont prisonniers du plâtre et de la pierre, le ciment a envahi leur chair, a obstrué leurs artères. Sur le gris de l'écran de télévision, il y a des visages, des paysages, des personnages. Les images s'allument, s'éteignent, font vaciller la lueur bleue sur les visages immobiles. Au-dehors, dans la lumière du soleil, il n'y a de place que pour les rêves.

Alors la ronde des vélomoteurs se referme, ici, sur la grande rue de la Liberté. Maintenant les vélomoteurs vont tout droit, en jetant vite en arrière tous ces immeubles, ces arbres, ces squares, ces carrefours. La dame en tailleur bleu est seule, au bord du trottoir, comme si elle dormait. Les vélomoteurs roulent tout près du trottoir, dans le ruisseau. Le cœur ne bat plus la chamade. Il est calme, au contraire, et les jambes ne sont plus faibles, les mains ne sont plus moites. Les vélomoteurs roulent au même rythme, l'un à côté de l'autre, et leur bruit est tellement à l'unisson qu'il pourrait faire crouler les ponts et les murs des maisons. Il y a les hommes dans la rue, embusqués dans leurs autos arrêtées, cachés derrière les rideaux de leurs chambres. Ils peuvent espionner avec leurs yeux étrécis, qu'est-ce que ça peut faire?

Presque sans ralentir, le premier vélomoteur est monté sur le trottoir, il s'approche de la dame en bleu. Quand cela se passe, et juste avant de tomber, la dame regarde Martine qui roule devant elle dans le ruisseau, elle la regarde enfin, ses yeux grands ouverts qui montrent la couleur de ses iris, qui donne la lumière de son regard. Mais cela ne dure qu'un centième de seconde, et ensuite il y a ce cri qui résonne dans la rue vide, ce cri de souffrance et de surprise, tandis que les deux vélomoteurs s'enfuient vers le carrefour.

Il y a à nouveau le vent chaud qui souffle, le cœur qui bondit dans la cage thoracique, et dans la main de Martine serrée sur le sac à main noir, il y a la sueur. Le vide, surtout, au fond d'elle, car la ronde est finie, l'ivresse ne peut plus venir. Loin devant, Titi s'échappe, ses cheveux rouges flottant dans le vent. Son vélomoteur est plus rapide, et elle passe le carrefour, elle s'en va. Mais à l'instant où le deuxième vélomoteur franchit le carrefour, le camion de déménagement bleu sort de la rue, tout à fait semblable à un animal, et son capot happe le vélomoteur et l'écrase contre le sol avec un bruit terrible de métal et de verre. Les pneus freinent en hurlant.

Le silence revient sur la rue, au centre du carrefour. Sur la chaussée, derrière le camion bleu, le corps de Martine est étendu, tourné sur lui-même comme un linge. Il n'y a pas de douleur, pas encore, tandis qu'elle regarde vers le ciel, les yeux grands ouverts, la bouche tremblant un peu. Mais un vide intense, insoutenable, qui l'envahit lentement, tandis que le sang coule en méandres noirs de ses jambes broyées. Pas très loin de son bras, sur la chaussée, il y a le sac de cuir noir, comme s'il avait été bêtement oublié par terre, et son fermoir de métal doré jette aux yeux des éclats meurtriers.

La Ronde et autres faits divers, © Gallimard, 1982.

Didier DAENINCKX

Le Salaire du sniper

Il n'y a rien de pire qu'un conflit qui s'éternise.

La pluie avait remplacé la neige de la veille, et une eau boueuse rongeait peu à peu les îlots de poudreuse. Quelques voitures filaient droit devant, tous phares éteints, sur l'ancienne avenue de la Fraternité. Elles bondissaient sur le revêtement défoncé, plongeaient dans les mares noirâtres avant de disparaître derrière les murs ruinés du dépôt des autobus. De temps en temps, une silhouette s'aventurait sur le pont dont les lattes disjointes brinquebalaient au-dessus des remous de la Milva[1]. Les gilets pare-balles donnaient des carrures de joueurs de football américain aux soldats interposés qui observaient la ville depuis leurs châteaux de sable. Au loin, un convoi blindé pénétrait sur le tarmac[2] de l'aéroport pour venir hérisser ses canons autour d'un Hercule C 130 chargé de vivres qui, tout juste posé, s'apprêtait déjà à repartir.

Il n'y a rien de pire qu'un conflit qui s'éternise.

C'est exactement ce que pensait Jean-Yves Delorce en allumant sa première cigarette de la matinée, debout, derrière la vitre sale du Holiday Inn[3]. La fumée lui brûla les poumons.

---

1. La nouvelle convoque une géographie fictive qu'on situe en Europe de l'Est.
2. *Tarmac* : surface d'évolution et de stationnement dans un aéroport.
3. *Holiday Inn* : chaîne d'hôtels américaine.

Il se retourna vers le matelas posé à même le sol. La fille était partie dans la nuit et la griffe rouge de ses lèvres sur l'oreiller était la seule trace qu'elle avait laissée dans sa vie. Il s'approcha du lavabo et souleva en vain la commande du mitigeur : le groupe électrogène n'était pas encore en marche. Il revint dans la chambre pour emplir une petite casserole d'eau minérale qu'il fit chauffer sur le camping-gaz, puis jeta deux cuillerées de Nescafé au fond d'un verre. Une rafale de mitrailleuse résonna sur les hauteurs, et il n'eut même pas besoin de regarder par la fenêtre pour savoir quelle batterie avait inauguré le mille six cent vingt-troisième jour de conflit. L'oreille suffisait. Après quatre mois de présence pratiquement continue à Kotorosk, Jean-Yves Delorce pouvait identifier le son de toutes les pièces d'artillerie disposées sur les collines environnantes.

Il avala rapidement l'eau colorée avant de cogner du plat de la main contre la cloison pour signaler à son équipier qu'il était prêt, quand le téléphone cellulaire se mit à sonner. La voix de Polex se frayait un chemin dans le siècle qui séparait les bureaux climatisés parisiens du palace ravagé de Kotorosk. C'était un Basque massif qui répondait au nom de Paul Exarmandia, mais toute la profession l'avait comprimé en Polex le jour où il avait pris la direction du service étranger, le «pool extérieur» en jargon de métier.

«C'est toi, Delorce? Ça va bien?
– Comme un lundi...
– On est mardi...
– Justement!»
Polex soupira.
«C'est calme ce matin?
– Il ne faut pas se plaindre, le périf est dégagé...»
Philippe, le cameraman, se glissa dans la chambre et interrogea Delorce du regard pour savoir avec qui il discutait. Le reporter obtura le micro avec sa paume.

«C'est Polex qui s'informe sur la météo...»
La voix nasilla dans l'écouteur.
«Qu'est-ce qui se passe? Tu m'entends?
– À peu près, la batterie est en fin de course...
– Très bien, je vais faire vite... Je sors à l'instant de la conférence de rédaction élargie. Tout le monde était là, la grosse pomme et les fruits annexes... On s'est fait tirer dessus comme des lapins.
– Je n'aurais pas voulu être à ta place...»
Le Basque se fit cassant.
«Écoute, tes vannes, ça va un temps... À ton âge j'avais déjà trois ans de crapahutage dans les Aurès[1], caméra 16 à l'épaule, et je m'en suis repris presque autant au Viêtnam... On faisait la lumière au napalm...
– Ce n'est pas ce que je voulais dire...
– Je me fous de ce que tu voulais dire! On verra où tu en seras à cinquante-cinq balais. En attendant, tes vannes, tu te les gardes, c'est tout.»
Delorce se tourna vers Philippe qui feuilletait un exemplaire du *Monde* vieux d'une semaine exhumé de sous le matelas et, ayant capté son regard, leva les yeux au ciel.
«Excuse-moi... Qu'est-ce qu'ils nous reprochent exactement?
– Ils ne parlent pas avec des mots mais avec des chiffres... Parts de marché, taux d'audience, indices de pénétration, répartition par couches socioprofessionnelles... En résumé, le journal a décroché de cinq points sur la moyenne du dernier trimestre par rapport à la concurrence. Tous les programmes qui suivent chutent d'autant, la pub, les téléfilms, les variétés... On ne joue plus notre rôle de locomotive...

---

[1]. Allusion à la guerre d'Algérie; l'Aurès, région au relief montagneux, située à l'est du pays, fut le berceau de l'insurrection indépendantiste algérienne.

– C'est un problème, mais je ne crois pas qu'on y puisse grand-chose à Kotorosk!»

Polex laissa peser un silence.

«Ce n'est pas ce qu'ils ont l'air de penser...

– Écoute, Paul, tu sais bien qu'on ne va pas faire exploser l'audimat avec un conflit aussi enlisé que celui-ci! Il faut être là au cas où ça pète parce que les éclats arroseront l'Europe entière... On ne joue pas le même rôle que les cow-boys de la une... Ils débarquent une fois par mois en profitant d'un zinc[1] de l'ONU qui amène la relève de Casques bleus, en deux jours ils mettent en boîte un sujet bidon, et ils repartent comme ils sont venus, aux frais des Nations unies!

– Le problème, c'est que leurs sujets font de l'audience, si bidon soient-ils... Il faudrait peut-être se poser des questions... La semaine dernière, en trois minutes, ils ont raconté l'histoire de ce couple qui avait vécu séparé pendant trois mois après la destruction du dernier pont sur la Milva... Avec, au finale, les retrouvailles sur les planches branlantes du pont provisoire installé par les compagnons du Devoir venus spécialement de Bourgogne... Ils nous ont écrabouillés...»

Jean-Yves Delorce coinça le récepteur entre son épaule et sa joue pour allumer une cigarette.

«Tu veux que je t'explique comment ils ont bidouillé leur truc?

– Je me fous de la cuisine interne! La réalité, c'est ce que les gens ont vu! C'est comme la chute de Berlin...

– La chute du Mur, tu veux dire?

– Non, la chute de Berlin, en 1945... Les Américains ont tourné des kilomètres de pellicule couleur dans les rues de la capitale du Reich. Du brut de décoffrage. De leur côté, les

---

1. *Zinc* : avion.

Russes ont emmagasiné de fausses actualités en noir et blanc. Ils ont reconstitué les principales phases de la bataille, juste derrière la ligne de front... L'image du soldat qui enlève l'emblème nazi sur le Reichstag pour planter le drapeau soviétique, on dirait du direct mais c'est presque deux jours de tournage ! Le hic aujourd'hui, c'est que, quand tu visionnes les archives, les Russes, ça fait vraiment vrai, tandis qu'avec les Américains tu as l'impression de te promener dans un studio de Hollywood ! »

Delorce rejoignit son cameraman dans les vestiges des cuisines du Holiday Inn, et ils gagnèrent l'entrée du parking souterrain. Le taxi qu'ils réservaient au mois les attendait. C'était une Lada Niva poussive, aussi confortable qu'une brouette, qui leur fit traverser le quartier résidentiel déserté et s'engouffra en couinant dans les sous-sols d'un supermarché calciné qui servaient de studios à la chaîne nationale. Ils recueillirent les confidences bétonnées d'un émissaire russe et mirent en boîte quelques images de la conférence de presse hebdomadaire des généraux internationaux chargés de surveiller une frontière dont on avait feint d'oublier l'existence pendant cinq siècles. Delorce improvisa un commentaire, puis une monteuse que Philippe pratiquait en soirée[1] appareilla les fragments avant de les envoyer par satellite à la régie parisienne. Ils s'étaient lassés assez rapidement de la tambouille d'inspiration lyonnaise que confectionnait le chef cuistot pakistanais du Holiday Inn en mélangeant les produits frais achetés au marché noir avec les rations allemandes fournies par le commandement onusien. Les dollars du défraiement leur ouvraient les portes blindées des quelques restaurants

---

1. *Que Philippe pratiquait en soirée* : avec laquelle Philippe avait une liaison.

haut de gamme où les diplomates en poste à Kotorosk se mêlaient à toutes les variétés de profiteurs de guerre. Ils commandèrent des truites de la Milva qu'on leur servit accompagnées des derniers champignons de l'automne, et Jean-Yves Delorce attendit que le garçon se soit éloigné pour résumer à Philippe les critiques de Polex sur leur travail commun. Le cameraman enleva la peau de son poisson avec dextérité puis détacha lentement les filets avec le plat de son couteau sans emporter la moindre arête. Il piqua les pointes de sa fourchette à l'intérieur de son demi-citron pour arroser la chair.

« On n'est pas plus cons que les autres... C'est toujours possible de bricoler un truc...

— Tu penses à quelque chose de précis ?

— Pas encore, c'est trop frais... Il suffit de penser à un scénario et de dégoter les gugusses qui veuillent bien interpréter les rôles. »

Delorce fit la grimace.

« Qu'est-ce que tu as, c'est pas bon ? »

Il posa ses couverts et haussa les épaules.

« Si, c'est parfait... Je vais te raconter une histoire... Il y a une dizaine d'années, alors que je débutais dans le métier, j'ai rencontré un photographe vedette de *Paris-Match* sur un reportage. Les Iraniens venaient de faire sauter une bombe dans un TGV. Ce type avait trimbalé son objectif partout à travers le monde et rapporté des scoops à la pelle. Une véritable légende vivante. Il y avait de la viande partout... Les flics l'ont laissé passer dès qu'ils l'ont reconnu et il est monté dans le wagon... Je ne sais pas pourquoi, j'ai suivi le mouvement sans qu'il s'en aperçoive... Il y avait une petite môme dans un coin... Il a réglé son appareil, pris quelques clichés, puis il a sorti un objet de son sac... Je n'ai pas réussi à savoir quoi, sur le moment... Il l'a posé près du corps de la môme avant de finir sa pellicule...

– C'était quoi?

– Attends... Il est sorti par l'autre porte. J'ai regardé en passant... Il n'y avait rien... J'ai acheté l'édition spéciale de *Match*... La photo figurait en une. Je la revois comme si je l'avais devant les yeux! La moitié du visage de la gamine, ses cheveux répandus sur son épaule, sur son bras, et juste à côté de la main ouverte, une petite poupée au regard bleu... C'était à chialer! Tu comprends, c'est ça qui en faisait toute la force : la poupée qu'il avait posée...»

Philippe redonna de la couleur aux verres.

«Le pire, c'est qu'il avait pensé à l'apporter...

– Je ne veux pas qu'on en arrive là, c'est tout.

– Ne t'en fais pas, Jean-Yves, on va s'arranger pour n'avoir rien à rajouter... Tu peux compter sur moi.»

Plusieurs snipers avaient repris du service le long de la ligne de front et ils durent attendre la tombée de la nuit pour que le taxi mensualisé accepte de risquer la carlingue asthmatique de sa Lada Niva sur l'avenue de la Fraternité. Une équipe de démineurs s'occupait d'un obus incendiaire qui s'était planté sans exploser dans les pelouses du Holiday Inn, un peu plus tôt, labourant les jasmins. La nuit fut calme : seules quelques balles traçantes et une fusée-parachute disputèrent la clarté du ciel aux étoiles.

Jean-Yves Delorce fut réveillé par l'attaque vrillante d'une mèche de perceuse à percussion sur du béton armé. La direction de l'hôtel tentait une nouvelle fois de rétablir les circuits du téléphone et de la vidéo. Il parvint à se laver les cheveux en épuisant le peu d'eau tiède que la pomme de douche crachotait mais il dut se raser à sec. Il cogna à la cloison entre deux stridences de la Black et Decker. Le cameraman ne répondit pas à l'appel. Il se montra en fin de matinée, au bar, alors que Delorce faisait semblant de s'intéresser aux solutions miracles pour faire revenir la paix dans l'enclave de Kotorosk qu'exposait un jeune politicien polonais formé dans une des nouvelles énarchies de l'Est.

«Où est-ce que tu étais passé? Tu aurais pu prévenir.»

Philippe commanda un ouzo qu'il troubla d'autant d'eau.

«Je voulais te faire la surprise.»

Delorce se pencha vers lui, étouffant sa voix.

«Tu es sur une piste?

— Je crois bien que oui... On doit me passer un coup de téléphone tout à l'heure pour la confirmation.

— Et c'est quoi exactement?»

Le cameraman renversa la tête pour boire la dernière goutte d'anis et reposa son verre, satisfait.

«Le Gavroche des Balkans... L'histoire d'un petit môme qui trafique entre les deux camps pour faire vivre sa famille... Tu achètes?

— En tout cas je demande à voir. C'est cher?

— Pas trop... Cinq cents dollars... La moitié cash, le solde après diffusion. Le problème c'est qu'il faut se décider rapidement, les types de CNN sont sur le coup.»

Delorce rentra la tête dans les épaules quand un chasseur-bombardier passant à basse altitude s'attira quelque salves de DCA qui parsemèrent le ciel de minuscules nuages éphémères. Il reprit sa stature normale.

«C'est d'accord... Je monte dans ma piaule. Tu me fais signe dès que tu as du nouveau.»

La Lada Niva stoppa près d'une cuve d'essence touchée de plein fouet par un obus, dont les morceaux épars faisaient penser à des sculptures de Calder[1] mises au rebut. Le conducteur du taxi se retourna sur son siège, un sourire désolé accro-

---

1. *Alexander Calder* (1898-1976) est un sculpteur et peintre américain.

ché aux lèvres, et il fit appel à toutes ses connaissances en anglais, français et allemand pour leur dire que les voitures ne pouvaient aller plus loin sans risquer la désintégration. Jean-Yves Delorce emboîta le pas à son équipier, le soulageant d'une partie de son matériel. Ils dépassèrent les limites de la zone industrielle et s'engagèrent sous le viaduc de l'échangeur nord de Kotorosk. D'immenses plaques de béton recouvertes d'asphalte pendaient le long des piliers, retenues par la ferraille de l'armature. Des panneaux émaillés indiquaient des destinations proches interdites depuis des années. Plusieurs dizaines de familles s'étaient réfugiées au centre du dispositif, sous quatre couches superposées d'autoroutes. Philippe s'arrêta près d'un type qui désossait le moteur d'une Wartburg et lui montra une adresse inscrite sur la languette intérieure de son paquet de Gitanes. Le mécano prit une cigarette qu'il coinça derrière son oreille avant de désigner un abri du doigt. Ils pénétrèrent dans une pièce de quatre mètres sur cinq aménagée entre les deux piliers d'une bretelle. Une demi-douzaine de gamins et de gamines regardaient un dessin animé japonais sur une télévision dernier cri alimentée par des batteries de voiture montées en série. Le plus âgé, qui devait avoir une quinzaine d'années, vint à leur rencontre. Il leur tendit la main puis, en hôte attentif, les fit passer dans un réduit attenant qui semblait principalement servir à ranger les matelas au cours de la journée. Il discuta un assez long moment avec le cameraman pour finir de mettre au point les termes du contrat, et les deux cent cinquante dollars d'acompte changèrent de poche. Delorce s'impatientait.

«Il nous reste à peine trois heures avant que la nuit tombe...

– C'est bon, on a le temps! Yochka, c'est comme ça qu'il veut qu'on l'appelle, va d'abord nous emmener dans le secteur de l'hôpital. Il connaît une combine pour passer derrière les lignes... Nous, on aura juste à le filmer depuis le bunker... »

Le gamin confia la garde de sa petite troupe à une brunette rigolarde, et fit sortir les deux reporters par une trappe ménagée dans une cloison qui lui permettait d'échapper à la surveillance de ses voisins. La cheminée du crématorium de l'hôpital de Kotorosk apparut entre deux bosquets alors qu'ils marchaient depuis un bon quart d'heure. Ils s'arrêtèrent à plusieurs reprises pour cadrer l'adolescent sur la tourelle rouillée d'un blindé de fabrication chinoise ou près d'un canon hors d'usage. Parvenu à proximité des bâtiments, Yochka leur assigna une place derrière une meurtrière et leur montra le chemin qu'il allait emprunter. Philippe vérifia le bon fonctionnement de la caméra puis il pointa l'objectif sur le gamin qui bondissait de trou d'obus en trou d'obus, qui profitait du moindre creux pour se mettre à l'abri, qui rampait lorsqu'il se savait à découvert... Il leur adressa un signe lorsqu'il eut atteint son objectif, une casemate[1] chavirée entourée de barbelés. Des tirs éclatèrent sur une colline proche. Ils le virent réapparaître deux minutes plus tard, sa besace gonflée comme une outre. L'adolescent emprunta le même chemin pour revenir vers eux, et il étala devant la caméra le produit de son incursion dans le *no man's land* séparant les avant-postes des deux factions qui se disputaient le secteur. Philippe zooma sur un assortiment de boîtes de conserve cabossées, haricots verts, raviolis, bœuf en daube, sardines à la tomate, thon en miettes... Yochka leur expliqua qu'avant l'offensive de la milice de Dragan, la casemate abritait l'économat de l'hôpital et qu'il restait plusieurs centaines de kilos de vivres dans les décombres.

---

1. *Une casemate* : un petit abris fortifié.

Ils filèrent ensuite vers les collines de Doudrest. Des plaques de neige durcie par le vent subsistaient sur les pentes exposées au nord. Ils contournèrent la cabine des remontées mécaniques et l'immense roue métallique qui l'avait à moitié écrasée lors de sa chute. Yochka shoota dans le casque troué d'un milicien. Il pointa le doigt en direction d'une série de petits enclos, de minuscules maisons de bois regroupées au creux d'un vallon. Delorce prit le cameraman par la manche.

«Il ne faut pas qu'il aille là-bas... Il y a une batterie et des mortiers juste en face... On les a filmés il y a deux mois... Ce sont de véritables dingues!»

Philippe remplaça posément la cassette parvenue en bout de course, assura la caméra sur son épaule et cadra la silhouette de Yochka qui zigzaguait devant eux.

«Ne t'inquiète pas, il sait ce qu'il fait.»

Une roquette fit voler un pan de mur en éclats, de l'autre côté de la vallée, tandis que le jeune garçon progressait sur le chemin du retour. Il se plaqua au sol avant de reprendre sa course. Il vida une nouvelle fois sa besace devant l'objectif et gratta la terre des jardins ouvriers des faubourgs de Kotorosk pour faire admirer aux deux journalistes la qualité des légumes d'hiver qui y poussaient. Ils redescendirent vers le centre de la ville et se tinrent à distance de Yochka, simulant une caméra cachée, quand celui-ci s'installa sur le rebord de la fontaine des Trois-Indépendances pour vendre les boîtes de conserve, les carottes, les choux, arrachés aux zones interdites. Le taxi les attendait à un kilomètre de là, près de l'ancien musée ottoman. Philippe s'arrêta devant les vestiges des premières fortifications de Kotorosk érigées par les légionnaires romains. À sa demande Yochka escalada de bonne grâce les pierres érodées. Son corps se découpait à contre-jour dans le ciel quand le coup de feu claqua. Il jeta ses bras dans l'air, tournoya comme un oiseau blessé et s'abattit aux pieds de Jean-Yves Delorce.

Des extraits du «Gavroche de Kotorosk» furent diffusés dès le lendemain aux journaux de treize et vingt heures, et de nombreuses bandes-annonces constellèrent l'antenne afin de drainer les spectateurs de chaque tranche horaire vers le numéro spécial de «Reporters du monde» que Polex avait programmé pour le *prime time* du mercredi. Jean-Yves Delorce avait réussi à se faire embarquer par un détachement de Casques bleus qui partaient en permission à Rome, puis un avion privé affrété par la chaîne l'avait déposé au Bourget. Il prit quelques heures de repos dans un palace du Front de Seine.

Plus de quinze millions de téléspectateurs écarquillèrent les yeux quand le générique de l'émission s'incrusta sur les écrans.

Au même moment, Philippe, son cameraman, traversait le pont aux lames disjointes jeté au-dessus des eaux boueuses de la Milva. Il tendit les deux cent cinquante dollars au sniper qui l'attendait derrière une école maternelle détruite.

Passages d'enfer, © Denoël, 1998.

Richard MATHESON
L'habit fait l'homme

Je suis sorti sur la terrasse pour échapper au caquetage des buveurs de cocktails.

Je me suis assis dans un coin sombre, j'ai étiré mes jambes et poussé un énorme soupir d'ennui.

La porte donnant sur la terrasse s'est rouverte et un homme s'est extirpé du joyeux chahut. Il a titubé jusqu'à la balustrade pour promener son regard sur la ville.

«Oh, mon Dieu!» a-t-il dit en passant une main tremblante dans ses cheveux clairsemés. Il a secoué la tête d'un air las et s'est absorbé dans la contemplation de la lumière qui brillait au sommet de l'Empire State Building.

Puis il s'est retourné en accompagnant son mouvement d'un grognement et s'est dirigé vers moi d'un pas mal assuré. Il a buté sur mes souliers et failli s'étaler de tout son long.

«Holà... a-t-il marmonné en s'écroulant dans un autre fauteuil. Vous voudrez bien m'excuser, monsieur.

– Ce n'est rien.

– Puis-je implorer votre indulgence, monsieur?» a-t-il insisté.

J'ouvrais la bouche pour lui répondre lorsqu'il m'a devancé pour s'y employer aussitôt.

«Écoutez, a-t-il repris en agitant un doigt grassouillet. Écoutez, je vais vous raconter une histoire absolument invraisemblable.»

Il s'est penché en avant dans le noir, s'efforçant de me fixer autant que le lui permettaient ses yeux embrumés par l'alcool. Puis il s'est laissé aller contre le dossier de son fauteuil en laissant échapper un sifflement de machine à vapeur. Suivi d'un renvoi.

«Écoutez, a-t-il poursuivi. Ne vous y trompez pas. Il se passe d'étranges choses sur la terre comme au ciel et ainsi de suite. Vous croyez que je suis soûl et vous avez parfaitement raison. Mais pourquoi? Vous ne le devineriez jamais.

«Mon frère, a-t-il lâché sur le ton de désespoir, n'est plus un homme.

– Ça, c'est la fin de l'histoire, ai-je commenté.

– Tout a commencé il y a deux ou trois mois. Mon frère est chef de service à l'agence de publicité Jenkins. C'est un crack… Enfin, a-t-il rectifié dans un sanglot, c'était…»

Il a pris un air songeur. «Un crack.»

Il a tiré un mouchoir de sa pochette et sonné un horripilant coup de trompette.

«Tout le monde venait le trouver, s'est-il remémoré. Tout le monde. Il était là, assis dans son bureau, son chapeau sur la tête, ses pieds chaussés de souliers bien astiqués posés sur la table de travail. "Charlie! hurlaient les autres, donne-nous une idée!" Alors il faisait faire un tour à son chapeau (qu'il appelait sa calotte de méditation) et répondait: "Faites *comme ça*, les enfants!" Et il vous sortait les idées les plus géniales que vous ayez jamais entendues. Quel type!»

Là, il a roulé de gros yeux en direction de la lune et s'est mouché une fois de plus.

«Et alors?

– Quel type! a-t-il répété. Le meilleur dans sa partie. Du moment qu'il avait son chapeau… C'était une blague, bien entendu. Du moins le pensait-on.»

J'ai soupiré.

«C'était un drôle de type, a poursuivi l'autre. Oui, un drôle de type.

– Ah.

– Une vraie gravure de mode, voilà ce qu'il était. Il lui fallait des costumes impeccables. Des chapeaux itou. Souliers, chaussettes, tout devait être fait sur mesure.

«Tenez, je me souviens d'un jour où Charlie, sa femme Miranda, ma bourgeoise et moi, on est allés faire un tour à la campagne. Une chaleur d'enfer. J'avais retiré mon veston.

«Mais en aurait-il fait autant? Jamais de la vie. Sans son veston, un homme n'est plus un homme, m'a-t-il sorti.

«On est allés dans un chouette petit coin avec un ruisseau et un coin d'herbe où s'asseoir. Il faisait vraiment une chaleur à crever. Miranda et ma femme ont enlevé leurs chaussures et sont allées patauger dans l'eau. Et moi de les rejoindre. Mais lui? Ah!

– Ah?

– Pas lui. J'étais là, pieds nus, le bas de mon pantalon et les manches de ma chemise relevés, à patauger comme un gosse. Et là-haut, en train de nous regarder d'un air amusé, il y avait Charlie, toujours sur son trente et un. On l'a appelé. "Allez, Charlie! Au diable tes souliers!"

«"Mais non. Sans ses souliers, un homme n'est plus un homme", a-t-il déclaré. Il ne pouvait pas faire un pas sans eux. Ça a mis Miranda en rogne. "La moitié du temps, elle nous dit alors, je me demande si je suis mariée avec un homme ou une garde-robe."

«C'est comme ça qu'il était.» Soupir. «Comme ça.

– Fin de l'histoire.

– Non.» Sa voix a légèrement tremblé. D'horreur, je suppose. «Le plus terrible reste à venir. Vous vous rappelez ce que je vous ai dit au sujet de ses vêtements. Il ne plaisantait pas avec ça. Même ses sous-vêtements devaient tomber impeccablement.

– Mmm...

– Un jour, a repris l'intarissable, sa voix se réduisant à un murmure intimidé, quelqu'un, au bureau, lui a pris son chapeau pour lui faire une farce.

« On aurait dit que Charlie faisait semblant de ne plus pouvoir réfléchir. À peine s'il arrivait à articuler un mot. Il ne faisait que bafouiller. Que répéter : "Chapeau, chapeau", et de regarder fixement par la fenêtre. Je l'ai ramené chez lui.

« Miranda et moi l'avons mis au lit, et pendant qu'on discutait dans le salon, on a entendu un grand bruit sourd. On s'est précipités dans la chambre.

« Charlie était effondré par terre. On l'a aidé à se relever. Ses jambes de dérobaient sous lui. "Qu'est-ce qui se passe ?" on lui demande. "Souliers, souliers", il nous répond. On l'a fait asseoir sur le lit. Il a ramassé ses souliers, mais ils lui sont tombés des mains.

« "Gants, gants", dit-il. On le regarde avec de grands yeux. "Gants !" il se met à glapir. Miranda était terrorisée. Elle lui a trouvé une paire de gants qu'elle lui a expédiée sur les genoux. Il les a enfilés lentement et avec peine. Puis il s'est penché et a mis ses souliers.

« Il s'est levé et a fait le tour de la pièce, comme pour essayer ses pieds.

« "Chapeau", a-t-il dit, et il s'est approché de la penderie pour y prendre un chapeau qu'il s'est collé sur la tête. Et puis – le croiriez-vous ? – il a dit : "En voilà une drôle d'idée de me ramener à la maison ! J'ai du travail qui m'attend et il faut que je vire le salopard qui m'a volé mon chapeau." Et le voilà reparti au bureau.

«Ça vous paraît croyable ?

— Pourquoi pas ? ai-je répondu d'une voix lasse.

— Eh bien, je pense que vous pouvez imaginer le reste. Ce jour-là, avant que je reparte, Miranda me dit : "C'est pour ça que ce minable est si mollasson au lit ? Faut-il que je lui mette tous les soirs un chapeau sur la tête ?" Je me suis senti gêné.»

Il a marqué un temps et soupiré.

«Les choses se sont gâtées par la suite, a-t-il poursuivi. Sans chapeau, Charlie était incapable de penser. Sans souliers, il ne pouvait pas marcher. Sans gants, il n'arrivait pas à faire bouger ses doigts. Même en été, il portait des gants. Les médecins ont laissé tomber. Un psychiatre a dû prendre des vacances après avoir reçu Charlie.

— Finissez-en, l'ai-je pressé. Il va falloir que je m'en aille.

— Il n'y a plus grand-chose à ajouter. Tout est allé de mal en pis. Charlie a dû engager quelqu'un pour l'habiller. Miranda l'a pris en dégoût es s'est installée dans la chambre d'amis. Mon frère perdait tout.

«Et puis un beau matin...» Un frisson l'a parcouru. «Je suis allé voir comment il allait. La porte de son appartement était grande ouverte. Je me suis dépêché d'entrer. À l'intérieur régnait un silence de tombeau.

«J'ai appelé le valet de Charlie. Pas un bruit. Je me suis précipité dans la chambre.

«Charlie était là, allongé sur son lit, immobile comme un cadavre, en train de marmonner tout seul. Sans un mot, j'ai saisi un chapeau et le lui ai enfoncé sur la tête. "Où est ton valet ? je lui ai demandé. Où est Miranda ?"

«Il m'a regardé, les lèvres tremblantes. "Qu'est-ce qui se passe, Charlie ?" je lui ai demandé.

«"Mon costume, il a fait.

«— Quel costume ? Qu'est-ce que tu racontes ?

«– Mon costume, il a pleurniché. *Il est parti travailler ce matin.*"

«J'ai pensé qu'il avait perdu l'esprit.

«"Mon costume gris à rayures, il a repris d'une voix hystérique. Celui que je portais hier. Mon valet a poussé un grand cri et je me suis réveillé. Il regardait la penderie. J'ai regardé à mon tour. Mon Dieu !

«"Là, devant la glace, mes sous-vêtements se mettaient en place. Une de mes chemises blanches s'est envolée pour aller se poser sur mon maillot de corps, le pantalon s'est mis tout droit, le veston est venu recouvrir la chemise, une cravate s'est nouée toute seule. Des chaussettes et des souliers se sont glissés dans les jambes du pantalon. La manche du veston s'est levée, a pris un chapeau sur la planche de la penderie et l'a enfoncé dans l'air là où aurait dû se trouver la tête s'il y en avait eu une. Puis le chapeau s'est soulevé de lui-même.

«"Fais *comme ça*, Charlie, a lancé une voix qui a éclaté ensuite d'un rire démoniaque. Là-dessus le costume est parti. Mon valet de chambre s'est enfui. Miranda est sortie."

«Quand Charlie en a eu terminé, je lui ai retiré son chapeau pour qu'il puisse perdre conscience. Puis j'ai fait venir une ambulance.»

L'homme a changé de position dans son fauteuil.

«Tout ça se passait la semaine dernière, a-t-il repris. J'en ai encore la tremblote.

– C'est tout ?

– À peu près. Il paraît que Charlie s'affaiblit de plus en plus. Il est toujours à l'hôpital. Assis là, sur son lit, son chapeau gris avachi sur ses oreilles, à marmonner tout seul. Il n'arrive plus à parler, même avec son chapeau sur la tête.»

Il a épongé son visage ruisselant de sueur.

«Mais ce n'est pas le pire, a-t-il repris dans un sanglot. Il paraît que Miranda…» Il a dégluti. «… qu'elle sort avec le costume. Elle raconte à tous ses amis que ce maudit machin a plus de sex-appeal que Charlie n'en a jamais eu.

– Non.

– Si. Elle est là en ce moment. Elle vient d'arriver. »

Il s'est replongé dans sa méditation silencieuse.

Je me suis levé et étiré. Nous avons échangé un regard et l'autre est tombé en syncope[1].

Je ne lui ai pas prêté davantage attention. Je suis rentré chercher Miranda et nous sommes partis ensemble.

> *Clothes Make The Man*, © 1950 by Hillman Periodicals,
> renewed 1978 by Richard Matheson (repris en langue
> française dans *Derrière l'écran, L'Intégrale des nouvelles
> de Richard Matheson*, trad. Jacques Chambon,
> © Flammarion, t. I, 1999).

---

1. *Est tombé en syncope* : a perdu connaissance.

Dino BUZZATI

Le Veston ensorcelé

Bien que j'apprécie l'élégance vestimentaire, je ne fais guère attention, habituellement, à la perfection plus ou moins grande avec laquelle sont coupés les complets[1] de mes semblables.

Un soir pourtant, lors d'une réception dans une maison de Milan, je fis la connaissance d'un homme qui paraissait avoir la quarantaine et qui resplendissait littéralement à cause de la beauté linéaire, pure, absolue de son vêtement.

Je ne savais pas qui c'était, je le rencontrais pour la première fois et pendant la présentation, comme cela arrive toujours, il m'avait été impossible d'en comprendre le nom. Mais à un certain moment de la soirée je me trouvai près de lui et nous commençâmes à bavarder. Il semblait être un homme poli et fort civil[2] avec toutefois un soupçon de tristesse. Avec une familiarité peut-être exagérée – si seulement Dieu m'en avait préservé! – je lui fis compliments pour son élégance; et j'osai même lui demander qui était son tailleur.

L'homme eut un curieux petit sourire, comme s'il s'était attendu à cette question.

---

1. Complets : costumes de ville masculins composés d'une veste, d'un pantalon et souvent d'un gilet, taillés dans la même étoffe.
2. Civil : poli, courtois.

« Presque personne ne le connaît, dit-il, et pourtant c'est un grand maître. Mais il ne travaille que lorsque ça lui chante. Pour quelques clients seulement.

– De sorte que moi…?

– Oh! vous pouvez essayer, vous pouvez toujours. Il s'appelle Corticella, Alfonso Corticella, rue Ferrara au 17.

– Il doit être très cher, j'imagine.

– Je le pense, oui, mais à vrai dire je n'en sais rien. Ce costume il me l'a fait il y a trois ans et il ne m'a pas encore envoyé sa note.

– Corticella? rue Ferrara, au 17, vous avez dit?

– Exactement », répondit l'inconnu.

Et il me planta là pour se mêler à un autre groupe.

Au 17 de la rue Ferrara je trouvai une maison comme tant d'autres, et le logis d'Alfonso Corticella ressemblait à celui des autres tailleurs. Il vint en personne m'ouvrir la porte. C'était un petit vieillard aux cheveux noirs qui étaient sûrement teints.

À ma grande surprise, il ne fit aucune difficulté. Au contraire il paraissait désireux de me voir devenir son client. Je lui expliquai comment j'avais eu son adresse, je louai sa coupe et lui demandai de me faire un complet. Nous choisîmes un peigné[1] gris puis il prit mes mesures et s'offrit de venir, pour l'essayage, chez moi. Je lui demandai son prix. Cela ne pressait pas, me répondit-il, nous nous mettrions toujours d'accord. Quel homme sympathique! pensai-je tout d'abord. Et pourtant plus tard, comme je rentrais chez moi, je m'aperçus que le petit vieux m'avait produit un malaise (peut-être à cause de ses sourires trop insistants et trop doucereux[2]). En somme je n'avais aucune envie de le revoir. Mais

---

1. *Peigné* : tissu de laine peigné.
2. *Doucereux* : d'une douceur artificielle.

désormais le complet était commandé. Et quelque vingt jours plus tard il était prêt.

Quand on me le livra, je l'essayai, pour quelques secondes, devant mon miroir. C'était un chef-d'œuvre. Mais je ne sais trop pourquoi, peut-être à cause du souvenir du déplaisant petit vieux, je n'avais aucune envie de le porter. Et des semaines passèrent avant que je me décide.

Ce jour-là, je m'en souviendrai toujours. C'était un mardi d'avril et il pleuvait. Quand j'eus passé mon complet – pantalon, gilet et veston – je constatai avec plaisir qu'il ne me tiraillait pas et ne me gênait pas aux entournures[1] comme le font toujours les vêtements neufs. Et pourtant il tombait à la perfection.

Par habitude je ne mets rien dans la poche droite de mon veston, mes papiers je les place dans la poche gauche. Ce qui explique pourquoi ce n'est que deux heures plus tard, au bureau, en glissant par hasard ma main dans la poche droite, que je m'aperçus qu'il y avait un papier dedans. Peut-être la note du tailleur ?

Non. C'était un billet de dix mille lires[2].

Je restai interdit. Ce n'était certes pas moi qui l'y avais mis. D'autre part il était absurde de penser à une plaisanterie du tailleur Corticella. Encore moins à un cadeau de ma femme de ménage, la seule personne qui avait eu l'occasion de s'approcher du complet après le tailleur. Est-ce que ce serait un billet de la Sainte Farce[3] ? Je le regardai à contre-jour, je le comparai à d'autres. Plus authentique que lui, c'était impossible.

L'unique explication, une distraction de Corticella. Peut-être qu'un client était venu lui verser un acompte, à ce

---

1. *Ne me gênait pas aux entournures* : n'était pas inconfortable.
2. La *lire* était la monnaie italienne avant l'euro.
3. *Un billet de la Sainte Farce* : un faux billet.

moment-là il n'avait pas son portefeuille et, pour ne pas laisser traîner le billet, il l'avait glissé dans mon veston pendu à un cintre. Ce sont des choses qui peuvent arriver.

J'écrasai la sonnette pour appeler ma secrétaire. J'allais écrire un mot à Corticella et lui restituer cet argent qui n'était pas à moi. Mais, à ce moment, et je ne saurais en expliquer la raison, je glissai de nouveau ma main dans ma poche.

«Qu'avez-vous, monsieur? Vous ne vous sentez pas bien?» me demanda la secrétaire qui entrait alors.

J'avais dû pâlir comme la mort. Dans la poche mes doigts avaient rencontré les bords d'un morceau de papier qui n'y était pas quelques instants avant.

«Non, non, ce n'est rien, dis-je, un léger vertige. Ça m'arrive parfois depuis quelque temps. Sans doute un peu de fatigue. Vous pouvez aller, mon petit, j'avais à vous dicter une lettre mais nous le ferons plus tard.»

Ce n'est qu'une fois la secrétaire sortie que j'osai extirper la feuille de ma poche. C'était un autre billet de dix mille lires. Alors, je fis une troisième tentative. Et un troisième billet sortit.

Mon cœur se mit à battre la chamade. J'eus la sensation de me trouver entraîné, pour des raisons mystérieuses, dans la ronde d'un conte de fées comme ceux que l'on raconte aux enfants et que personne ne croit vrais.

Sous le prétexte que je ne me sentais pas bien, je quittai mon bureau et rentrai à la maison. J'avais besoin de rester seul. Heureusement la femme qui faisait mon ménage était déjà partie. Je fermai les portes, baissai les stores et commençai à extraire les billets l'un après l'autre aussi vite que je le pouvais, de la poche qui semblait inépuisable.

Je travaillai avec une tension spasmodique des nerfs dans la crainte de voir cesser d'un moment à l'autre le miracle.

J'aurais voulu continuer toute la soirée, toute la nuit jusqu'à accumuler des milliards. Mais à un certain moment les forces me manquèrent.

Devant moi il y avait un tas impressionnant de billets de banque. L'important maintenant était de les dissimuler, pour que personne n'en ait connaissance. Je vidai une vieille malle pleine de tapis et, dans le fond, je déposai par liasses les billets que je comptai au fur et à mesure. Il y en avait largement pour cinquante millions.

Quand je me réveillai le lendemain matin, la femme de ménage était là, stupéfaite de me trouver tout habillé sur mon lit. Je m'efforçai de rire, en lui expliquant que la veille au soir j'avais bu un verre de trop et que le sommeil m'avait surpris à l'improviste.

Une nouvelle angoisse : la femme se proposait pour m'aider à enlever mon veston afin de lui donner au moins un coup de brosse.

Je répondis que je devais sortir tout de suite et que je n'avais pas le temps de me changer. Et puis je me hâtai vers un magasin de confection pour acheter un vêtement semblable au mien en tous points ; je laisserai le nouveau aux mains de ma femme de ménage ; le mien, celui qui ferait de moi en quelques jours un des hommes les plus puissants du monde, je le cacherai en lieu sûr.

Je ne comprenais pas si je vivais un rêve, si j'étais heureux ou si au contraire je suffoquais sous le poids d'une trop grande fatalité. En chemin, à travers mon imperméable, je palpais continuellement l'endroit de la poche magique. Chaque fois je soupirais de soulagement. Sous l'étoffe le réconfortant froissement du papier-monnaie me répondait.

Mais une singulière coïncidence refroidit mon délire joyeux. Sur les journaux du matin, de gros titres : l'annonce d'un cambriolage survenu la veille occupait presque toute la première page. La camionnette blindée d'une banque qui, après avoir fait le tour des succursales, allait transporter au siège central les versements de la journée, avait été arrêtée et dévalisée rue Palmanova par quatre bandits. Comme les gens accouraient, un des gangsters, pour protéger sa fuite, s'était mis à tirer. Un des passants avait été tué. Mais c'est surtout le montant du butin qui me frappa : exactement cinquante millions (comme les miens).

Pouvait-il exister un rapport entre ma richesse soudaine et le hold-up de ces bandits survenu presque en même temps ? Cela semblait ridicule de le penser. Et je ne suis pas superstitieux. Toutefois l'événement me laissa très perplexe.

Plus on possède et plus on désire. J'étais déjà riche, compte tenu de mes modestes habitudes. Mais le mirage d'une existence de luxe effréné m'éperonnait[1]. Et le soir même je me remis au travail. Maintenant je procédais avec plus de calme et les nerfs moins tendus. Cent trente-cinq autres millions s'ajoutèrent au trésor précédent.

Cette nuit-là je ne réussis pas à fermer l'œil. Était-ce le pressentiment d'un danger ? Ou la conscience tourmentée de l'homme qui obtient sans l'avoir méritée une fabuleuse fortune ? Ou une espèce de remords confus ? Aux premières heures de l'aube je sautai du lit, m'habillai et courus dehors en quête d'un journal.

Comme je lisais, le souffle me manqua. Un terrible incendie provoqué par un dépôt de pétrole qui s'était enflammé avait presque complètement détruit un immeuble dans la rue de San Cloro, en plein centre. Entre autres, les coffres d'une grande agence immobilière qui contenaient plus de cent

---

1. *M'éperonnait* : m'incitait à continuer.

trente millions en espèces avaient été détruits. Deux pompiers avaient trouvé la mort en combattant le sinistre.

Dois-je maintenant énumérer un par un tous mes forfaits ? Oui, parce que désormais je savais que l'argent que le veston me procurait venait du crime, du sang, du désespoir, de la mort, venait de l'enfer. Mais insidieusement ma raison refusait railleusement d'admettre une quelconque responsabilité de ma part. Et alors la tentation revenait, et alors ma main – c'était tellement facile – se glissait dans ma poche et mes doigts, avec une volupté soudaine, étreignaient les coins d'un billet toujours nouveau. L'argent, le divin argent !

Sans quitter mon ancien appartement (pour ne pas attirer l'attention) je m'étais acheté en peu de temps une grande villa, je possédais une précieuse collection de tableaux, je circulais en automobile de luxe et, après avoir quitté mon emploi «pour raison de santé», je voyageais et parcourais le monde en compagnie de femmes merveilleuses.

Je savais que chaque fois que je soutirais de l'argent de mon veston, il se produisait dans le monde quelque chose d'abject et de douloureux. Mais c'était toujours une concordance vague, qui n'était pas étayée par des preuves logiques. En attendant, à chacun de mes encaissements, ma conscience se dégradait, devenait de plus en plus vile[1]. Et le tailleur ? Je lui téléphonai pour lui demander sa note mais personne ne répondit. Via Ferrara on me dit qu'il avait émigré, il était à l'étranger, on ne savait pas où. Tout conspirait pour me démontrer que, sans le savoir, j'avais fait un pacte avec le démon.

Cela dura jusqu'au jour où dans l'immeuble que j'habitais depuis de longues années, on découvrit un matin une sexagé-

---

1. Vile : sans qualités, sans noblesse.

naire retraitée asphyxiée par le gaz ; elle s'était tuée parce qu'elle avait perdu les trente mille lires de sa pension qu'elle avait touchée la veille (et qui avaient fini dans mes mains).

Assez, assez ! pour ne pas m'enfoncer dans l'abîme, je devais me débarrasser de mon veston. Mais non pas en le cédant à quelqu'un d'autre, parce que l'opprobre[1] aurait continué (qui aurait pu résister à un tel attrait ?). Il devenait indispensable de le détruire.

J'arrivai en voiture dans une vallée perdue des Alpes. Je laissai mon auto sur un terre-plein herbeux et je me dirigeai droit sur le bois. Il n'y avait pas âme qui vive. Après avoir dépassé le bourg, j'atteignis le gravier de la moraine[2]. Là, entre deux gigantesques rochers, je tirai du sac tyrolien[3] l'infâme veston, l'imbibai d'essence et y mis le feu. En quelques minutes il ne resta que des cendres.

Mais à la dernière lueur des flammes, derrière moi – à deux ou trois mètres aurait-on dit –, une voix humaine retentit : « Trop tard, trop tard ! » Terrorisé je me retournai d'un mouvement brusque comme si un serpent m'avait piqué. Mais il n'y avait personne en vue. J'explorai tout alentour sautant d'une roche à l'autre, pour débusquer le maudit qui me jouait ce tour. Rien. Il n'y avait que des pierres.

Malgré l'épouvante que j'éprouvais, je redescendis dans la vallée, avec une sensation de soulagement. Libre finalement. Et riche, heureusement.

Mais sur le talus, ma voiture n'était plus là. Et lorsque je fus rentré en ville, ma somptueuse villa avait disparu ; à sa place un pré inculte avec l'écriteau « Terrain communal à vendre. » Et mes comptes en banque, je ne pus m'expliquer

---

1. L'*opprobre* : le déshonneur, la honte.
2. *Moraine* : débris entraînés puis abandonnés par un glacier.
3. *Tyrolien* : originaire du Tyrol, région d'Autriche.

comment, étaient complètement épuisés. Disparus de mes nombreux coffres-forts les gros paquets d'actions. Et de la poussière, rien que de la poussière, dans la vieille malle.

Désormais j'ai repris péniblement mon travail, je m'en tire à grand-peine, et ce qui est étrange, personne ne semble surpris par ma ruine subite.

Et je sais que ce n'est pas encore fini. Je sais qu'un jour la sonnette de la porte retentira, j'irai ouvrir et je trouverai devant moi ce tailleur de malheur, avec son sourire abject, pour l'ultime règlement de comptes.

Le K, trad. Jacqueline Remillet,
© Arnoldo Mondatori Editore, 1966/© Robert Laffont, 1967,
pour la traduction française.

Vincent DELECROIX

La vérité sort-elle de la bouche des enfants ?

J'ai un doute, tout de même. Il faut que je raconte ça rapidement (après quoi, je retourne me coucher).

Tout à l'heure, vers trois heures du matin, j'étais profondément endormi. Enfin, peut-être pas si profondément, parce que j'étais en train de faire un rêve, quelque chose de pas très agréable, qui avait rapport avec mon patron, une vente que j'avais ratée, une grosse commande, le client était le voisin du dessous, celui qui se passionne pour les insectes, j'avais égaré des papiers, je ne sais plus très bien, je cherchais, je cherchais, je tombais sur des tas de papiers qui n'avaient rien à voir – et lui qui me harcelait. (Mais ça, ce n'est pas un rêve : même dans la réalité, il me harcèle.) Toujours est-il que j'étais endormi, quand, au milieu de mes papiers, j'ai entendu un appel qui m'a réveillé. Papa, papa. C'était la petite. Je me suis dit : elle a encore dû faire un cauchemar (pas du même genre que le mien, je suppose, mais avec une sorte de monstre à peu près équivalent dedans), elle va se rendormir. Elle fait beaucoup de cauchemars, en ce moment, on ne sait pas pourquoi. J'ai attendu un moment, mais elle continuait à appeler. L'idée de devoir me lever en pleine nuit ne m'enchantait pas trop. Je me suis tourné vers Catherine, un peu par lâcheté, il faut bien l'avouer, mais elle dormait profondément – et puis c'est moi que la petite appelait. De toute façon, j'étais réveillé. Alors je suis sorti du lit, j'ai enfilé mon peignoir, et je suis allé la trouver dans sa chambre, tout en me disant : demain, je me lève à six heures pour le boulot, il faudrait que je dorme.

Quand je me suis approché, elle m'a entendu. Avec ce parquet, impossible de remuer un doigt de pied sans réveiller tout l'immeuble – c'est pour ça que le type du dessus, avec son chien, il commence à m'agacer sérieusement : il a le même parquet que nous et on entend sans arrêt les griffes du chien qui frottent, ça m'énerve.

Je suis entré discrètement, pour ne pas réveiller son frère, et j'ai vu qu'elle était debout, dans son pyjama, contre la fenêtre. Je lui ai chuchoté en bâillant : qu'est-ce qu'il y a, ma puce ? Qu'est-ce que tu fais ? Il faut vite te remettre au lit, tu as école demain (et papa a du boulot, avec un chef pas commode). Mais elle ne bougeait pas. Je la voyais dans le clair-obscur de la fenêtre (on ne tire pas les rideaux, elle a peur du noir complet – c'est compréhensible à son âge). Je me suis approché sur la pointe des pieds : tu as encore fait un cauchemar ? Elle a fait non de la tête, sans bouger. Qu'est-ce qu'il y a, alors ? Tu sais, il faut que papa se repose, il a une grosse journée demain (une journée comme d'habitude, quoi). Mais elle ne bougeait toujours pas.

Je suis arrivé jusqu'à elle en manquant de trébucher sur le cartable et je me suis accroupi à sa hauteur. On entendait la respiration régulière de son frère. Heureusement, lui, quand il dort, on pourrait jouer du cornet à pistons, il ne remuerait pas une paupière. Le matin, c'est toujours la croix pour le faire se lever. Elle, c'est le contraire et je ne sais pas ce qu'elle fricote toute seule, la nuit, une vraie petite souris.

Qu'est-ce qu'il y a, ma chérie ? Elle hésitait à parler. Je me suis dit : en fait, elle est devenue carrément somnambule. J'ai voulu la prendre dans mes bras, mais elle s'est écartée légèrement. Qu'est-ce qu'il y a, ma puce ? ai-je répété (en bâillant), tu ne veux pas me dire ? Dans la clarté incertaine de la nuit, je voyais qu'elle me regardait. Silence. Je me suis redressé. Bon, s'il n'y a rien, il faut que tu te remettes tout de suite au lit. Tu seras très fatiguée, demain. Allez viens, papa te remet au lit. Elle a eu un léger mouvement de recul, elle a murmuré : papa ? Oui, ma chérie. Je voyais bien qu'elle voulait me dire quelque chose, mais qu'elle n'osait pas.

Papa ? Oui ? Est-ce que si je te dis un secret, tu vas me croire ? C'est ça qui t'a réveillée ? Elle me fixait toujours. Elle n'avait pas l'air apeurée, pourtant. Dis-moi ton secret, et après tu vas te coucher, d'accord ? Elle hésitait encore. Je ne le répéterai à personne, c'est promis, mais tu me le dis, et papa va se coucher. Mais est-ce que tu vas me croire ? Si tu veux, ma chérie, si tu veux, mais dis-le-moi vite et va te recoucher. Tu ne le diras pas non plus à maman ? Même à trois heures du matin, il faut garder des principes : ça, on verra, lui ai-je dit, ça dépend de ton secret. Elle a réfléchi un instant avec gravité tout en regardant ses doigts de pied. Quand elle est comme ça, on dirait sa mère. Moi, j'avais juste envie de retourner au lit et d'attendre plutôt le lendemain pour apprendre le grand secret, voire de laisser le soin à Catherine de le recueillir. Bon, si tu veux, tu me le diras demain, parce qu'on ne va pas y passer toute la nuit, d'accord ? Ça l'a décidée.

Elle a quitté la fenêtre et s'est approchée de moi, s'est hissée sur la pointe des pieds pendant que je m'abaissais pour recueillir le secret : j'ai vu un ange.

Bon, me suis-je dit, ça change des cauchemars, c'est toujours ça. Je lui ai dit : eh bien, ma puce, tu as beaucoup de chance, on n'en voit pas tous les jours. Et je suis sûr qu'il veille sur toi, alors maintenant tu peux te rendormir tranquillement. Mais elle m'a répété : j'ai vu un ange. Oui, j'ai compris : tu as vu un ange. C'est merveilleux. Il devait être là pour te dire bonsoir. La psychologue, la semaine dernière, nous a dit qu'il ne fallait pas nier brutalement l'existence de ce qu'elle imaginait – enfin, c'est ce que j'ai cru comprendre, parce que, moi, les psychologues. Elle a réfléchi : tu en as déjà vu, toi? J'ai senti qu'on était partis pour une discussion qui allait affaiblir ma capacité réactive au bureau. Non, mais c'est sûrement qu'ils ne se montrent qu'aux petites filles, tu sais, et maintenant. Elle m'a interrompu : il ne m'a pas fait peur. C'est très bien, mais tu sais, les anges ne font pas peur, ils sont gentils. Pourtant, il n'avait pas l'air gentil. Ah bon?

Mine de rien, j'avais quand même réussi à lui faire regagner son lit. Elle s'était glissée sous les couvertures et je m'étais assis à côté d'elle. Il n'avait pas l'air gentil? Non, il avait l'air triste. Mais les anges ne sont pas tristes, ma chérie. Alors ce n'était pas un ange? Ce n'est pas ce que je veux dire, mais. Non, non, je suis sûre que c'était un ange, il me regardait et il avait l'air triste. J'ai passé ma main sur ma figure. Il te regardait? Oui, il m'a regardée pendant longtemps. Et après il s'est envolé? Elle m'a dit dans un souffle : il n'avait pas d'ailes.

C'est curieux, lui ai-je dit, en général les anges ont des ailes, mais peut-être que tu ne les as pas bien vues, dans la nuit. Non, non, il n'en avait pas, j'en suis sûre : j'ai bien regardé, à la fenêtre. Silence. Bon écoute, ma chérie, ai-je fini par lui dire, on reparlera de ça demain matin, si tu veux. Maintenant tu peux dormir, tu as eu beaucoup de chance d'avoir vu un ange, tu sais, beaucoup de chance. C'était un ange, il avait l'air triste et il n'avait pas d'ailes. J'ai poussé un soupir en pensant à la tête de mon patron, demain : je suis fatigué mais c'est parce que ma fille a vu un ange cette nuit, vous comprenez? Ça n'arrive pas tous les jours.

Elle n'avait absolument pas l'air de vouloir se rendormir. Bon, où est-ce que tu l'as vu? Là, sur le toit, par la fenêtre, il était sur le bord du toit. Le toit d'en face? Oui. Et qu'est-ce qu'il a fait? Rien, il était là, sur le toit, il me regardait d'un air triste. Je me sens triste, papa. Je lui ai pris la main. Mais il n'y a aucune raison, ma chérie : c'est très beau, au contraire, de voir un ange. Oui, mais celui-là était triste. C'est peut-être ce que tu as cru, tu ne l'as peut-être pas bien vu, depuis ton lit. Mais je n'étais plus dans mon lit, j'étais contre la fenêtre. Je voyais très bien comment il était, sa chemise, son pantalon, ses chaussures. Un ange en pantalon? Je te jure, papa, il n'avait pas d'ailes, mais il avait un pantalon. Et des chaussures? (Je n'ai pas pu m'empêcher de penser que ça ne devait pas être très pratique, de voler avec des croquenots[1].) Oui. Bon, il faut croire qu'il avait un rendez-vous en ville. Il n'avait pas de cravate, au moins? Non. Ça m'aurait étonné, quand même. J'ai serré sa main. Eh bien, tu peux être fière, tu es la première petite fille à voir un ange en pantalon avec des chaussures et une chemise, tu pourras raconter ça à tes amis, demain. Non, c'est un secret. Bon, d'accord, c'est un secret. Ce sera juste entre toi et moi, je ne dirai même rien à maman, mais maintenant, il faut dormir.

Je n'aime pas qu'il soit triste, papa.

Là, je me sentais vraiment fatigué. Écoute, ma chérie, je suis sûr que ce n'était qu'un petit souci de rien du tout, et qu'après il est redevenu gai, comme tous les anges. Mais elle n'était pas convaincue. (Je me suis dit : peut-être que les anges aussi ont des soucis avec leur patron.) Non, quand il est parti,

---

1. *Croquenots* : grosses chaussures (familier).

il avait encore l'air triste. J'ai remonté sa couverture. Mais tu verras, lui ai-je dit, la prochaine fois que tu le verras, je suis sûr qu'il sera très joyeux. Elle a fait une petite moue. Je ne sais pas s'il reviendra. Et c'est vrai, elle avait l'air triste.

Je lui ai caressé doucement les cheveux. Mais si, ma chérie, il reviendra, tout joyeux, et il sera content de te voir *dormir*. Il reviendra pour rechercher sa chaussure ? Je l'ai regardée avec perplexité. Pour rechercher sa chaussure ? Oui, quand il a disparu, il a laissé sa chaussure. Ah bon ? (C'est bien ce que je pensais, me suis-je dit, c'est pas pratique pour voler.) Là, sur le toit, où il était. J'ai eu un éclair de génie. C'est pour ça, tu vois, qu'il avait l'air triste : il avait mal dans ses chaussures. Moi aussi, quand j'ai des chaussures toutes neuves, elles me font un peu mal au début et ça me rend triste, mais ce n'est pas grave du tout. J'ai senti qu'elle commençait à se rasséréner. Mais elle s'est reprise : la chaussure n'était pas neuve, elle était toute vieille au contraire. Tu ne veux pas parler de cette histoire de chaussures demain, après le dodo ? Elle a encore secoué la tête : je n'ai plus envie de dormir.

Je sais bien, c'est là qu'il aurait fallu changer de ton, mais je crois que j'étais trop fatigué pour m'énerver vraiment. J'avais moi-même un peu l'impression de parler en rêve. Alors peut-être justement qu'il voulait s'en débarrasser, qu'il était mécontent de ses chaussures. Mais pourquoi, alors, est-ce qu'il n'en a laissé qu'une ? Cette fois, je me suis trouvé un peu en panne d'explications et je me suis tu un moment. Il l'a oubliée au moment de partir, m'a-t-elle dit après une courte méditation. J'ai fait mine de réfléchir et puis j'ai hoché la tête : tu as raison, ça doit être ça, tout simplement. Il m'a regardée, il a écarté grands les bras, comme ça, et puis il a disparu, mais il a oublié sa chaussure. Ça peut arriver, tu sais, lui ai-je dit, même les anges peuvent oublier leurs chaussures, dans la précipitation. Et maintenant on sait le fin mot de l'histoire.

Mais pourquoi est-ce qu'il avait l'air triste ? Ce genre de discussions circulaires, ça me rappelle un peu les entretiens avec mes clients. Je ne sais pas, mais je suis sûr que, quand tu te réveilleras, demain, tu verras, il sera revenu pendant la nuit reprendre sa chaussure. Il attend sûrement que tu te sois endormie pour revenir la chercher tranquillement. Et si elle y est toujours ? Eh bien, il viendra la chercher la nuit prochaine, pendant que tu dor-mi-ras.

Cette fois, enfin, le sommeil semblait commencer à la gagner. Tout de même, a-t-elle dit, ça ne doit pas être pratique, avec une seule chaussure. C'est toujours plus pratique qu'avec deux, ma chérie. Allez, dors. On pourrait la chercher pour la lui rapporter. Écoute, petite fille, on ne sait même pas où il habite, tandis que lui, il sait très bien où il l'a laissée, alors le mieux, c'est qu'il revienne la chercher lui-même. Sa voix était maintenant toute faible et envahie de sommeil. D'accord, a-t-elle fini par dire dans un souffle, mais si demain elle est toujours là, on ira la lui rapporter, tu me le promets ? D'accord, ma chérie, d'accord, on s'arrangera pour trouver son adresse, on regardera dans le Bottin. Allez, dors. Mais elle venait à l'instant de s'endormir.

Je suis ressorti sur la pointe des pieds. J'ai poussé un gros soupir. Bon sang, me suis-je dit, je ne vais jamais réussir à me rendormir. Je suis allé me chercher un verre d'eau dans la cuisine en prenant soin de ne pas allumer la lumière. Est-ce que je dirais à Catherine que la petite a encore eu des hallucinations ? Qu'elle a vu un ange en pantalon qui a oublié sa chaussure ? J'ai pensé à mon travail du lendemain, et je me suis dit : tant qu'à faire, je préférerais passer ma journée à trouver l'adresse de cet ange en pantalon, plutôt que de vendre des photocopieuses.

Je buvais en essayant de retrouver un état de présommeil. Est-ce que je rêvais de ce genre de choses, moi aussi, quand j'étais petit? Peut-être. Pourquoi la petite serait-elle si différente? Pourquoi faudrait-il s'inquiéter de ces hallucinations? parce qu'elle en a plus que les autres? Parce qu'elle y croit plus fermement? Moi aussi, ça a dû m'arriver d'y croire, à ce genre de choses. J'ai repris un verre d'eau et j'ai souri. C'est plutôt mignon, me suis-je dit, de rêver d'un ange avec des chaussures, un pantalon et une chemise. Mais il avait l'air triste, je sais.

C'est en reposant le verre d'eau sur l'évier que j'ai vu, par la fenêtre de la cuisine, sur le toit d'en face, une chaussure.

La Chaussure sur le toit, © Gallimard, 2007.

Philippe Delerm
Le Croissant du trottoir

On s'est réveillé le premier. Avec une prudence de guetteur indien on s'est habillé, faufilé de pièce en pièce. On a ouvert et refermé la porte de l'entrée avec une méticulosité d'horloger. Voilà. On est dehors, dans le bleu du matin ourlé de rose : un mariage de mauvais goût s'il n'y avait le froid pour tout purifier. On souffle un nuage de fumée à chaque expiration : on existe, libre et léger sur le trottoir du petit matin. Tant mieux si la boulangerie est un peu loin. Kerouac[1] mains dans les poches, on a tout devancé : chaque pas est une fête. On se surprend à marcher sur le bord du trottoir comme on faisait enfant, comme si c'était la marge qui comptait, le bord des choses. C'est du temps pur, cette maraude[2] que l'on chipe au jour quand tous les autres dorment.

Presque tous. Là-bas, il faut bien sûr la lumière chaude de la boulangerie – c'est du néon, en fait, mais l'idée de chaleur lui donne un reflet d'ambre. Il faut ce qu'il faut de buée sur la vitre quand on s'approche, et l'enjouement de ce bonjour que la boulangère réserve aux seuls premiers clients – complicité de l'aube.

« Cinq croissants, une baguette moulée pas trop cuite ! »

---

1. *Jacques Kerouac* (1922-1969) est un écrivain voyageur. Son récit *Sur la route* est emblématique de la *Beat Generation*.
2. *Maraude* : fait de rôder à la recherche de denrées alimentaires à chaparder.

Le boulanger en maillot de corps fariné se montre au fond de la boutique, et vous salue comme on salue les braves à l'heure du combat.

On se retrouve dans la rue. On le sent bien : la marche du retour ne sera pas la même. Le trottoir est moins libre, un peu embourgeoisé par cette baguette coincée sous un coude, par ce paquet de croissants tenu de l'autre main. Mais on prend un croissant dans le sac. La pâte est tiède, presque molle. Cette petite gourmandise dans le froid, tout en marchant : c'est comme si le matin d'hiver se faisait croissant de l'intérieur, comme si l'on devenait soi-même four, maison, refuge. On avance plus doucement, tout imprégné de blond pour traverser le bleu, le gris, le rose qui s'éteint. Le jour commence, et le meilleur est déjà pris.

La Première Gorgée de bière et autres plaisirs minuscules,
© L'Arpenteur, 1997.

Les auteurs des nouvelles

Dino Buzzati (1906-1972) est un journaliste et écrivain italien dont l'œuvre la plus célèbre est le roman *Le Désert des Tartares*, paru en 1940. Fortement influencé par Franz Kafka, Buzzati dépeint un monde souvent absurde et inquiétant, nimbé d'une atmosphère pesante et étrange, presque onirique. Dans ses recueils de nouvelles comme *Le K*, paru en 1966, l'écrivain se plaît à introduire des éléments surnaturels dans un contexte ordinaire afin de faire s'interroger le lecteur sur ses croyances, ses idéaux et sa conception de la vie. Même pleines d'humour, ses nouvelles amènent toujours à questionner une existence qui se révèle parfois vide de sens.

Italo Calvino (1923-1985) est un écrivain italien, théoricien et membre de l'OuLiPo[1]. Le grand public le connaît surtout pour ses nombreux récits proches du conte philosophique, tels *Le Vicomte pourfendu* (1952), *Le Baron perché* (1957) et *Le Chevalier inexistant* (1959). À travers des héros très ordinaires comme Marcovaldo (ou, dans d'autres recueils de nouvelles, Palomar), Italo Calvino exprime une vision tout à la fois poétique, fantastique et humoristique du monde, sur lequel il invite à poser un regard chaque fois renouvelé.

---

[1]. *OuLiPo* : contraction de «Ouvroir de littérature potentielle», nom par lequel se désigne, à partir de 1961, un groupe d'écrivains expérimental de nouvelles formes d'écriture fondées sur les contraintes formelles.

Didier Daeninckx (né en 1949) est un auteur français de romans policiers, de nouvelles et d'essais. Proche des milieux d'extrême gauche, l'écrivain mêle dans ses textes histoire et critique sociale et politique, dénonçant les abus et traumatismes relatifs au passé (le négationnisme, l'esclavage), la violence contemporaine, la surenchère médiatique... Plusieurs fois récompensés et adaptés pour la radio, la télévision et le cinéma, et transposés en bandes dessinées, ses ouvrages, qui manient l'humour noir et l'ironie pour mieux stigmatiser les faiblesses de notre société, ont donné lieu à diverses polémiques. Il a reçu le prix Goncourt de la nouvelle en 2012 pour son recueil *L'Espoir en contrebande*.

Vincent Delecroix (né en 1969) est un philosophe et écrivain français. Grand prix de littérature de l'Académie française pour *Le Tombeau d'Achille* en 2008, il s'essaie à rendre compte, dans son œuvre fictive et son œuvre philosophique, des expériences existentielles comme l'amour, le chant et le sacré. À sa parution en 2007, *La Chaussure sur le toit* a bénéficié d'une critique élogieuse, qui a vu dans ce conte aux allures enfantines une mise en abyme, à la fois obsessionnelle et dérisoire, des *leitmotive* de notre vie. Ses récits prennent l'allure de paradoxes philosophiques qui soulignent les incongruités et les bizarreries du monde en adoptant une tonalité tout à la fois ironique et mélancolique.

Philippe Delerm (né en 1950), père du chanteur-compositeur Vincent Delerm, est un auteur français de romans, de nouvelles et de courts récits parfois proches de la forme du poème en prose, à l'instar des textes qui composent *La Première Gorgée de bière et autres plaisirs minuscules*, ouvrage couronné d'un grand succès à sa parution en 2007. Dans ses écrits, il tente de rendre compte de tous les instants fugitifs et de tous les petits riens qui font le quotidien. À ce titre, il est représentatif d'un courant contemporain que l'on nomme le «minimalisme positif».

Jean-Marie Gustave LE CLÉZIO (né en 1940) est un écrivain français, auteur de romans et de nouvelles qui remportent un grand succès. Il reçoit le prix Renaudot à vingt-trois ans pour son premier roman *Le Procès-Verbal*. Ses nombreux voyages, au Mexique notamment, et la découverte d'autres civilisations, amérindiennes en particulier, le conduisent à dénoncer dans ses textes le matérialisme de notre société occidentale, comme en témoigne par exemple son roman *Désert* (1980). Figure littéraire cosmopolite et engagée, il défend dans ses écrits les causes qui le touchent – l'environnement, les libertés fondamentales, les peuples délaissés ou opprimés – et aborde des thèmes variés comme la folie, la rébellion, l'exclusion et la violence. Teintés d'onirisme, ses écrits représentent des personnages ordinaires et attachants. En 2008, il est récompensé par le prix Nobel de littérature.

Richard MATHESON (1926-2013) est un auteur et scénariste américain. Géant du fantastique et de la science-fiction, il a écrit plus de deux cents nouvelles et des romans adaptés au cinéma et à la télévision tels que *Je suis une légende* (1954) et *Le Jeune Homme, la mort et le temps* (1975). D'abord ancrés dans des situations en apparence normales, ses personnages perdent souvent le contact avec la réalité par des phénomènes scientifiques ou pseudo-scientifiques mal définis, qui sont autant de manifestations de l'extraordinaire.

Sylvain Tesson (né en 1972) est un aventurier et écrivain, membre de la Société des explorateurs français. Ses études à peine terminées, il fait le tour du monde à bicyclette avec un ami et en tire son premier récit. Il multiplie ensuite les expéditions à pied, à cheval, se lance dans des explorations archéologiques et pratique l'alpinisme sur des monuments. S'inspirant de ses nombreux voyages, de ses reportages et de ses documentaires, *Une vie à coucher dehors* (2009), couronnée par le Goncourt de la nouvelle, est son premier recueil de récits brefs. Publié en 2011, son récit autobiographique *Dans les forêts de Sibérie* a reçu le prix Médicis.

Notes et citations

Notes et citations

Notes et citations

Notes et citations

Mise en page par
Pixellence/Meta-systems
59100 Roubaix